712

LA
PUCELLE
D'ORLEANS

POËME.

DIVISÉ EN QUINZE LIVRES.

PAR

MONSIEUR DE V***

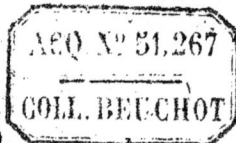

LOUVAIN,
M DCC LV.

PREFACE.

Voici enfin la Pucelle d'Orleans, ce n'est pas celle de Chapelain, c'est l'amusement d'un homme celebre, dont je ne ferai point ici l'éloge.

Il y a près de trente ans que j'ai ce Manuscript dans mon porte feuille : je le fais imprimer

mer pour deux raiſons ; la premiere, c'eſt que je ſuis perſuadé que cette plaiſanterie divertira tous les honnêtes gens ; le ſeconde, c'eſt qu'il en court tant des Copies impertinentes & défigurées de toutes façons, qu'en qualité d'Amateur des lettres, je me ſuis fait un devoir de publier ce Poëme, que je regarde comme un des bons ouvrages de l'Auteur, malgré l'oubli ou il l'avoit condamné.

LIVRE

LIVRE PREMIER.

Amours honnêtes de Charles VII. & d'A-
gnès Sorel. Siége d'Orléans par les
Anglois. Aparition de St. Denis, &c.
&c. &c.

Vous m'ordonnez de célébrer des Saints.
Ma voix est foible, & même un peu profane.
Il faut pourtant vous chanter cette Jeanne,
Qui fit, dit-on, des prodiges divins.
Elle affermit de ses pucelles mains
Des fleurs de lys la tige Gallicane,
Sauva son Roi de la rage Anglicane,
Et le fit oindre au maître-autel de Rheims.
Jeanne montra sous feminin visage,
Sous le corset & sous le cottillon
D'un vrai Roland le vigoureux courage.
J'aimerois mieux le soir pour mon usage
Une beauté douce comme un mouton ;
Mais Jeanne d'Arc eut un cœur de Lyon :
Vous le verrez, si lisez cet ouvrage.
Vous tremblerez de ses exploits nouveaux,
Et le plus grand de ses rares travaux
Fut de garder un an son pucelage.
  O Chapelain, toi dont le violon
De discordante & Gotique mémoire,
Sous un archet maudit par Apollon
D'un ton si dur à raclé son histoire :
Vieux Chapelain, pour l'honneur de ton art
Tu voudrais bien me prêter ton génie.

A   Je

Je n'en veux point ; c'eſt pour la Motte-Houdart.
Quand l'Iliade eſt par lui traveſtie.

Le bon Roi Charle au printems de ſes jours ;
Au tems de Pâque en en la cité de Tours ,
A certain bal (ce Prince aimoit la danſe)
Avoit trouvé pour le bien de la France
Une beauté nommée Agnès Sorel.
Jamais l'amour ne forma rien de tel.
Imaginez de Flore la jeuneſſe ,
La taille & l'air de la Nimphe des bois
Et de Venus la grace enchantereſſe ,
Et de l'amour le ſéduiſant minois ,
L'art d'Aracné, le doux chant des Sirénes ;
Elle avait tout ; elle aurait dans ſes chaines
Mis les Héros, les Sages & les Rois.
La voir, l'aimer, ſentir l'ardeur brulante
Des doux déſirs en leur chaleur naiſſante,
Lorgner Agnès, ſoupirer & trembler,
Perdre la voix en voulant lui parler,
Preſſer ſes mains d'une main carreſſante,
Laiſſer briller ſa flamme impatiente,
Montrer ſon trouble, en cauſer à ſon tour,
Lui plaire enfin fut l'affaire d'un jour.
Princes & Rois vont très-vite en amour.
Agnès voulut ſavante en l'art de plaire ,
Couvrir le tout des voiles du miſtère,
Voile de gaze & que les courtiſans
Percent toûjours de leurs yeux malfaiſants.

Donc, pour câcher comme on peut cette affaire
Le Roi choiſit le conſeiller Bonneau,
Confident ſûr, & très-bon Tourangeau :
Il eut l'emploi qui certes n'eſt pas mince
Et qu'à la Cour où tout ſe peint en beau,
Nous apellons être l'ami du Prince,
Et qu'à la ville, & ſurtout en Province

Les

Les gens grossiers ont nommé Maquereau.
Monsieur Bonneau sur le bord de la Loire,
Etait Seigneur d'un fort joli château.
Agnès un soir s'y rendit en bateau,
Et le Roi Charle y vint à la nuit noire.
On y soupa ; Bonneau servit à boire.
Tout fut sans faste, & non pas sans aprêts.
Festins des Dieux vous n'êtes rien auprès.
Nos deux amants pleins de trouble & de joïe,
Ivres d'amour, à leur désirs en proïe,
Se renvoioient des regards enchanteurs,
De leurs plaisirs brulants avant-coureurs.
Les doux propos, libres sans indécence,
Aiguillonnaient leur vive impatience.
Le Prince en feu des yeux la dévoroit ;
Contes d'amour d'un air tendre il faisoit,
Et du genou le genou lui serroit.
    Le souper fait on eut une musique,
Italienne en genre Cromatique ;
On y mêla trois différentes voix
Aux violons, aux flutes, aux haut-bois.
Elles chantoient l'alllégorique histoire
De cent héros qu'amour avait domptés,
Et qui pour plaire à de tendres beautés
Avoient quitté les fureurs de la gloire.
Dans un réduit cette musique étoit,
Près de la chambre où le bon Roi soupoit.
La belle Agnès discréte & retenue.
Entendoit tout, & d'aucuns n'étoit vue.
    Déja la Lune est au haut de son cours ;
Voilà minuit ; c'est l'heure des amours.
Dans une alcove artistement dorée,
Point trop obscure & point trop éclairée ;
Entre deux draps que la Frise a tissus,
D'Agnès Sorel les charmes sont reçus.

Près

Près de l'alcove une porte est ouverte
Que Dame Alix suivante très-experte,
En s'en allant oublia de fermer.
O vous amants, vous qui savez aimer;
Vous voyez bien l'extrême impatience
Dont pétilloit nôtre bon Roi de France.
Sur ses cheveux en tresses retenus
Parfums exquis sont déja répandus.
Il vient, il entre au lit de sa maitresse;
Moment charmant de joye & de tendresse;
Le cœur leur bat; l'amour & la pudeur,
Au front d'Agnès font monter la rougeur.
La pudeur passe & l'amour seul demeure.
Son tendre amant l'embrasse tout-à-l'heure.
Ses yeux ardents, éblouis, enchantés,
Avidemment parcourent ses beautés.
Qui n'en seroit en effet idolâtre?
　　Sous un cou blanc qui fait honte à l'albâtre
Sont deux tétons séparés, faits au tour,
Allans, venans, arrondis par l'amour.
Leur boutonnet est de couleur de rose;
Teton charmant qui jamais ne repose,
Vous invitiés les mains à vous presser.
L'œuil à vous voir, la bouche à vous baiser.
Pour mes Lecteurs tout plein de complaisance,
J'allois montrer à leurs yeux ébaudis
De ce beau corps les contours arrondis;
Mais la vertu qu'on nomme bienséance,
Vient arrêter mes pinceaux trop hardis.
Tout est beauté, tout est charmes dans elle.
La volupté dont Agnès à sa part
Lui donne encor une grace nouvelle,
Elle l'anime; amour est un grand fard,
Et le plaisir embellit toute belle.
Trois mois entiers nos deux jeunes amants
Furent

Furent livrés à ces raviſſements.
Du lit d'amour ils vont droit à la table.
Un déjeuné reſtaurant, delectable
Rend à leur ſens leur premiére vigueur;
Puis pour la chaſſe épris de même ardeur
Ils vont tous deux ſur des chevaux d'Eſpagne
Suivre cent chiens japants dans la campagne.
A leur retour on les conduit aux bains.
Pâtes, parfums, odeurs de l'Arabie,
Qui font la peau douce, fraiche, & polie
Sont prodigués ſur eux à pleines mains.
Le diner vient, la délicate chére!
L'oiſeau du phaſe, & le coq de bruyère,
De vingt ragoûts l'aprêt délicieux,
Charment le nez, le palais, & les yeux.
Du vin d'Aï la mouſſe pétillante,
Et du Tokai la liqueur jauniſſante
En chatouillant les fibres des cerveaux,
Y porte un feu qui s'exhale en bon mots.
Le diner fait on digére, on raiſonne,
On conte, on rit, on médit du prochain,
On fait brailler des vers à maître Alain,
On fait venir des Docteurs de Sorbonne,
Des perroquets, un ſinge, un arlequin.
Le Soleil baiſſe ; une troupe choiſie
Avec le Roi court à la Comédie,
Et ſur la fin de ce fortuné jour
Le couple heureux s'enivre encor d'amour.

Plongés tous deux dans le ſein des délices,
Ils paraiſſoient en goûter les prémices.
Toûjours heureux, & toûjours plus ardents,
Point de ſoupçons ; encor moins de querelles,
Nulle langueur , & l'amour & le tems
Auprès d'Agnès ont oublié leurs aîles.
Charle ſouvent diſoit entre ſes bras

A 3   En

En lui donnant des baifers tout de flamme:
Ma chère Agnès, idôle de mon ame,
Le monde entier ne vaut point vos apas.
Vaincre & régner n'eft rien qu'une folie.
Mon Parlement me bannit aujourdhui,
Au fier Anglois la France eft affervie.
Ah! qu'il foit Roi, mais qu'il me porte envie.
J'ai vôtre cœur, je fui plus Roi que lui.
Un tel difcours n'eft pas trop héroïque;
Mais un héros quand il tient dans un lit
Maitreffe honnête, & que l'amour le pique,
Peut s'oublier, & ne fait ce qu'il dit.
  Comme il menoit cette joïeufe vie
Tel qu'un Abbé dans fa graffe Abbaïe,
Le Prince Anglois toûjours plein de furie,
Toûjours aux champs, toujours armé, botté,
Le pot en tête, & la dague au côté,
Lance en arrêt, la vifière hauffée
Fouloit aux pieds la France terraffée
Il marche, il vole, il renverfe en fon cours
Les murs épais, les ménaçantes tours,
Répand le fang, prend l'argent, taxe, pille,
Livre aux foldats & la mére, & la fille,
Fait violer des Couvents de Nonains,
Boit le mufcat des péres Bernardins,
Frappe en écus l'or qui couvre les Saints,
Et fans refpect pour *Jefus* ni *Marie*
De mainte Eglife il fait mainte écurie.
Ainfi qu'on voit dans une bergerie
Des loups fanglants de carnage altérés,
Et fous leurs dents les troupeaux déchirés,
Tandis qu'au loin couché dans la prairie
Colin s'endort fur le fein d'Egerie,
Et que fon chien près d'eux eft occupé,
A fe faifir des reftes du foupé.

                                   Or,

Or, du plus haut du brillant Apogée,
Séjour des faints, & fort loin de nos yeux,
Le bon Denis prêcheur de nos aieux,
Vit les malheurs de la France affligée,
L'état horrible où l'Anglois l'a plongée,
Paris aux fers, & le Roi très-Chrêtien,
Baifant Agnès, & ne fongeant à rien.
Ce bon Denis eft patron de France
Ainfi que Mars fut le feint des Romains;
Où bien Pallas chez les Athéniens.
Il faut pourtant en faire différence,
Un Saint vaut mieux que tous les Dieux païens.
 Ah, par mon chef, dit-il, il n'eft pas jufte
De voir ainfi tomber l'Empire Augufte,
Où de la foi j'ai planté l'étendart;
Trône des lys tu cours trop de hazard,
Sang des Valois je reffens tes miféres.
Ne fouffrons pas que les fuperbes fréres,
De Henri cinq fans droit & fans raifon,
Chaffent ainfi le fils de la maifon,
Jai quoi que Saint, & Dieu me le pardonne,
Averfion pour la race Bretonne.
Car fi j'en crois le livre des deftins,
Un jour ces gens raifonneurs & mutins
Se gaufferont des faintes Décrétales,
Déchireront les Romaines Annales,
Et tous les ans le Pape bruleront.
Vengeons de loin ce facrilége affront;
Mes chers François feront tous catholiques;
Ces fiers Anglois feront tous hérétiques.
Frappons, chaffons ces dogues Britaniques,
Puniffons les par quelque nouveau tour,
De tout le mal qu'ils doivent faire un jour.
Des Gallicans ainfi parloit l'apôtre,
De maudiffons lardant fa patenôtre.

A 4   Et

Et cependant que tout feul il parloit,
Dans Orléans un Confeil fe tenait.
Par les Anglois cette ville bloquée
Au Roi de France allait être extorquée.
Quelques Seigneurs & quelques Confeillers,
Les uns pédants & les autres guerriers,
Sur divers tons déplorant leur mifére,
Pour leur refrain difoient, que faut il faire?
Poton , la Hire, & ce brave Dunois,
S'écrioient tous en fe mordant les doigts;
Allons, amis, mourons pour la patrie,
Mais aux Anglois vendons cher nôtre vie.
Le Richemont crioit tout haut, par Dieu
Dans Orléans il faut mettre le feu,
Et que l'Anglois qui penfe ici nous prendre
N'ait rien de nous que fumée & que cendre.
Pour La Trimouille il difoit, attendons
Jufqu'à demain , & beau jeu nous verrons.
Le préfident Louvet grand perfonnage,
Au maintien gtave & qu'on eut pris pour fage,
Dit; je voudrois que préalablement
Nous fiffions rendre arrêt de Parlement
Contre l'Anglois , & qu'en ce cas énorme
Sur toute chofe on procédât en forme.
Sur cette affaire ils parloient tous fort bien,
Ils difoient d'or, & ne concluoient rien.
    Comme ils parloient on vit par la fenêtre
Je ne fais quoi dans les airs aparoître :
Un beau fantôme au vifago vermeil
Sur un raïon détaché du Soleil
Des Cieux ouverts fend la voute profonde.
Odeur de Saint fe fentoit à la ronde.
Le bon Denis deffus fon chef avoit
A deux pendants une Mitre pointue
D'or & d'argent fur le fommet fendue.

                                    Sa

Sa dalmatique au gré des vents flottoit,
Son front brilloit d'une sainte auréole,
Son cou panché laissoit voir son étole,
Sa main portoit ce bâton pastoral
Qui fut jadis *lituus augural.*
A cet objet qu'on discernoit fort mal,
Voilà d'abord Monsieur de La Trimouille,
Paillard dévot, qui prie & s'agenouille.
Le Richemont qui porte un cœur de fer,
Blasphémateur, jureur impitoyable,
Haussant la voix dit que c'étoit un Diable
Qui leur venoit du fin fond de l'enfer;
Que ce seroit chose très agréable
Si l'on pouvoit parler à Lucifer.
Maître Louvet s'en courut au plus vite,
Chercher un pot tout rempli d'eau bénite.
Poton, La Hire, & Dunois ébahis
Ouvrent tout trois de grands yeux ébaubis.
Tous les valets sont couchés sur le ventre.
L'objet aproche, & le saint fantôme entre
Tout doucement porté sur son rayon,
Puis donne à tous sa bénédiction.
Soudain chacun se signe & se prosterne:
Il les reléve avec un air paterne.
Puis il leur dit; ,, Ne faut vous effrayer,
,, Je suis Denis, & saint de mon métier,
,, J'aimai la Gaule, & l'ai cathéchisée,
,, Et ma bonne ame est très-scandalisée
,, De voir Charlot mon filleul tant aimé
,, Dont le pays en cendre est consumé,
,, Et qui s'amuse au lieu de le défendre,
,, A deux têtons qu'il ne cesse de prendre.
,, J'ai résolu d'assister aujourdhui
,, Les bons François qui combattent pour lui;
,, Je veux finir leur peine & leur misére.
                                    ,, Tout

„ Tout mal guérit, dit-on, par fon contraire.
„ Or fi Charlot veut pour une Catin
„ Perdre la France & l'honneur avec elle,
„ J'ai réfolu pour changer fon deftin
„ De me fervir des mains d'une pucelle.
„ Vous fi d'enhaut vous défirez les biens,
„ Si vos cœurs font & François & Chrêtiens,
„ Si vous aimez, le Roi, l'Etat, l'Eglife,
„ Affiftez-moi dans ma fainte entreprife,
„ Montrez le nid où convient de chercher
„ Ce vrai Phénix que je veux dénicher,
    A tant fe tut le vénérable Sire.
Quand il eut fait, chacun fe prit à rire.
Le Richemont né plaifant & moqueur,
Lui dit ; ma foi, mon cher Prédicateur
Monfieur le faint, ce n'étoit pas la peine
D'abandonner le célefte domaine
Pour demander à ce peuple méchant
Ce beau joyau que vous eftimez tant.
Quand il s'agit de fauver une ville
Un pucelage eft une arme inutile.
Pourquoi d'ailleurs le prendre en ce pays,
Vous en avez tant dans le Paradis !
Rome & Lorette ont cent fois moins de cierges
Que chez les faints il n'eft là-haut de vierges.
Chez les François, hélas, il n'en eft plus.
Tous nos moûtiers font à fec là-deffus.
Nos francs Archers, nos Officiers, nos Princes
Ont dès longtems dégarni les Provinces.
Ils ont tous fait en dépit de vos faints
Plus de batards encor que d'orphelins.
Monfieur Denis pour finir nos querelles ;
Cherchez ailleurs, s'il vous plait, des pucelles.
    Le Saint rougit de ce difcours brutal ;
Puis auffi-tôt il remonte à cheval.

Sur son rayon sans dire une parole ;
Pique des deux ; & par les airs s'envole,
Pour déterrer, s'il peut ce beau bijou
Qu'on tient si rare & dont il semble fou.
Laissons-le aller ; & tandis qu'il se perche
Sur l'un des traits qui vont porter le jour.
Ami lecteur, puissiez-vous en amour
Avoir le bien de trouver ce qu'il cherche.

LIVRE SECOND

Jeanne armée par Saint Denis, va trouver Charles VII. à Tours : ce qu'elle fit en chemin.

Heureux cent fois qui trouve un pucelage ;
C'est un grand bien, mais de toucher un cœur
Est à mon sens un plus grand avantage.
Se voir aimer, c'est là le vrai bonheur ;
Qu'importe hélas d'arracher une fleur ?
C'est à l'amour à nous cueillir la rose ;
Mes chers amis ayons tous cet honneur ;
Ainsi soit-il ; mais parlons d'autre chose.
   Vers les confins du pays Champenois
Où cent poteaux marqués de trois merlettes
Disoient aux gens, *en Lorraine vous êtes*,
Est un vieux bourg peu fameux autrefois ;
Mais il mérite un grand nom dans l'histoire ;
Car de lui vient le Salut & la gloire ;
Des fleurs de Lys ; & du peuple Gaulois.
De Dom Remy chantons tous le Village,

Fai-

Faifons paffer fon beau nom d'âge en âge.
O Dom Remy tes pauvres environs
N'ont ni mufcats, ni pêches, ni citrons.
Ni mine d'or, ni bon vin qui nous damne;
Mais c'eft à toi que la France doit Jeanne.
Jeanne y nâquit : certain Curé du lieu
Faifant partout des ferviteurs à Dieu
Ardent au lit, à table, à la priére
Moine autrefois de Jeanne fut le pére.
Une robufte & graffe Chambriére
Fut l'heureux moule ou ce pafteur jetta
Cette beauté, qui les Anglois dompta.
Vers les feize ans en une hotellerie
On l'engagea pour fervir l'écurie.
A *Vaucouleurs* :(& déjà de fon nom
La renommée empliffoit le Canton.
Son air eft fier, affuré, mais honnête;
Ses grands yeux noirs brillent à fleur de tête:
Trente deux dents d'une égale blancheur
Sont l'ornement de fa bouche vermeille
Qui femble aller de l'une à l'autre oreille.
Mais bien bordée & vive en fa couleur
Appetiffante & fraiche par merveille.
Ses tetons bruns, mais fermes comme un roc
Tentent la robe, & le cafque, & le froc:
Elle eft active adroite vigoureufe,
Et d'une main potelée & nerveufe
Soutient fardeaux; verfe cent brocs de vin;
Sert le bourgeois, le noble, le Robin :
Chemin faifant, vingt foufflets diftribuë
Aux étourdis dont l'indifcrette main,
Va tatonnant fa cuiffe ou gorge nuë;
Travaille & rit du foir jufqu'au matin
Conduit chevaux, les panfe, abreuve, étrille
Et les preffant de fa cuiffe gentille,

Les

Les monte à cru comme un foldat Romain.
  O' profondeur ò Divine Sageffe !
Que tu confonds l'orgueilleufe foibleffe
De tous ces grands fi petits à tes yeux !
Que les petits font grands quand tu le veux!
Ton Serviteur Denis le bienheureux
N'alla roder aux Palais des Princeffes
N'alla chez vous Mesdames les Ducheffes.
Denis courut : amis qui le croiroit ;
Chercher l'honneur, où ? dans un Cabaret.
  Il étoit tems que l'Apôtre de France
Envers la Jeanne ufat de diligence
Le bien public étoit au grand hazard.
De Satanas la malice eft connuë
Et fi le Saint fut arrivé plus tard
D'un feul moment, la France étoit perduë.
Un Cordelier nommé Roc Grisbourdon,
Avec Chandos arrivé d'Albion,
Etoit alors dans cette hotellerie :
Il aimoit Jeanne autant que fa patrie.
C'étoit l'honneur de la penaillerie,
De tous côtés allant en miffion,
Prédicateur, confeffeur, efpion,
De plus, grand clerc en la forcelerie ;
Savant dans l'art en Egypte facré,
Dans ce grand art cultivé chez les Mages ;
Chez les Hebreux, chez les antiques Sages,
De nos favans dans nos jours ignoré.
Jours malheureux ! tout eft dégeneré.
  En feuilletant fes livres de caballe
Il vit qu'aux fiens Jeanne feroit fatale ;
Qu'elle portoit deffous fon court jupon
Tout le deftin d'Angleterre & de France.
Encouragé par la noble affiftance
De fon génie, il jura fon cordon

Qu'il

Qu'il faifiroit ce beau Palladium.
J'aurai, dit-il, Jeanne dans ma puiffance ;
Je fuis Anglois, je dois faire le bien
De mon pays, mais plus encor le mien.
   Au même temps un ignorant un ruftre
Lui difputait cette conquête illuftre ;
Cet ignorant valoit un cordelier,
Car vous faurez qu'il était muletier,
Le jour la nuit offrant fans fin fans terme,
Son lourd fervice & l'amour le plus ferme.
L'occafion, la douce égalité,
Faifoit pancher : Jeanne de fon côté,
Mais fa pudeur triomphoit de fa flamme
Qui par les yeux fe gliffoit dans fon ame.
Roc Grisbourdon vit fa naiffante ardeur.
Mieux qu'elle encor il lifoit dans fon cœur,
Il vint trouver fon rival fi terrible
Puis il lui tint ce difcours très plaufible.
Puiffant héros qui panfés au befoin
Tous les mulets commis à vôtre foin,
Je fai combien Jannette vous eft chére.
Elle a mon cœur comme elle a tous mes vœux,
Rivaux ardens nous nous craignons tous deux.
En bons amis accordons nous pour elle ;
Amants unis, & rivaux fans querelle.
Tatons tous deux de ce morceau friand
Qu'on pouroit perdre en fe le difputant.
Conduifez moi vers le lit de la belle,
J'invoquerai le Démon du dormir
Ses doux pavots vont foudain, l'affoupir
Et tour à tour nous veillerons pour elle.
Incontinent le pére au grand cordon
Prend fon grimoire, évoque le Démon
Qui de morphée eut autrefois le nom.
Ce pefant Diable eft maintenant en France
Avec Meffieurs il ronfle à l'audience   Dans

Dans le parterre il vient bailler le soir.

Aux cris du moine il monte en son char noir
Par deux hiboux trainé dans la nuit sombre.
Dans l'air il glisse, & doucement fend l'ombre.
Les yeux fermez il arrive en baillant,
Se met sur Jeanne, & tatonne & s'étend,
Et sécouant son pavot marcotique
Lui soufle au sein, vapeur soporifique.
Tel on nous dit que le moine Girard
En confessant la Gentille Cadiére
Insinuoit de son soufle paillard
De diablotaux une autre fourmilliére.

Nos deux galants pendant ce doux sommeil
Aiguillonnés du démon du reveil
Ont de Jannette oté la couverture.
Déja trois dez roulant sur son beau sein
Vont décider au Jeu de Saint guilain
Lequel des deux doit tenter l'avanture.
Le moine gagne ; un Sorcier est heureux !
Le Grisbourdon se saisit des en jeux ;
Embrasse Jeanne : ô soudaine merveille !
Denis arrive & Jeanne se réveille.
O Dieu qu'un Saint fait trembler tout pécheur !
Nos deux rivaux se renversent de peur.
Chacun d'eux fuit, en portant dans le cœur,
Avec la crainte un désir de malfaire.
Vous avez vu sans doute un Commissaire
Cherchant de nuit un couvent de Vénus ;
Un jeune essain de tendrons de mi-nus
Saute du lit, s'ésquive, se dérobe
Aux yeux hagards du noir pédant en robe.
Ainsi fuyoient mes paillards confondus.
Dénis s'avance, & reconforte Jeanne
Tremblante encor de l'attentat profane.
Puis il lui dit : vase d'election

Le

„ Le Dieu des Rois par ſes mains innocéntes,
„ Veut des François vanger l'oppreſſion,
„ Et renvoyer dans les champs d'Albion
„ Des fiers Anglois les Cohortes ſanglantes.
„ Dieu fait changer d'un ſouffle tout puiſſant
„ Le roſeau frêle en cèdre du Liban,
„ Secher les mers, abaiſſer les Colines
„ Du monde entier reparer les ruines,
„ Devant tes pas la foudre grondera
„ Autour de toi la terreur volera,
„ Et tu verra l'Ange de la la victoire
„ Ouvrir pour toi les ſentiers de la gloire.
„ Suis moi, renonce à tes humbles travaux.
„ Viens placer Jeanne au nombre des héros.
   A ce diſcours terrible & paterique
Et qui n'eſt point en ſtile academique,
Jeanne étonnée ouvrant un large bec
Crut quelque tems que l'on lui parloit Grec.
Dans ce moment un rayon de la grace,
Dans ſon eſprit porte un jour efficace.
Jeanne ſentit dans le fond de ſon cœur.
Tous les élans d'une ſublime ardeur.
Non ce n'eſt plus Jeanne la chambriére.
C'eſt un héros, c'eſt une ame guerriére.
Tel un bourgeois humble, ſimple groſſier
Qu'un vieux richard a fait ſon héritier
En un palais fait changer ſa chaumiére.
Son air honteux devient démarche fiére,
Les grands ſurpris admirent ſa hauteur
Et les petits l'àpellent, *Monſeigneur.*
   Or pour hâter leur auguſte entrepriſe
Jeanne & Denis s'en vont droit à l'Egliſe.
Lors aparut deſſus le maître Autel,
(Fille de Jean quelle fut ta ſurpriſe ?)
Un beau harnois tout frais venu du Ciel ;

Des

Des arcenaux du terrible Empirée :
En cet inftant, par l'Archange Michel,
La noble armure avait été tirée :
On y voyoit l'armet de Débora,
Ce clou pointu, funefte à Sizara ;
Le caillou rond, dont un Berger fidéle
De Goliath entama la cervelle.
Cette mâchoire avec quoi combattit
Le fier Samfon, qui fes cordes rompit
Lorfqu'il fe vit vendu par fa Donzelle.
Le coutelet de la belle Judith,
Cette beauté fi faintement perfide,
Qui, pour le Ciel, galante & homicide,
Son cher Amant maffacra dans fon lit.
A ces objets, Jannette émerveillée,
De cette armure eft bien-tôt habillée ;
Elle vous prend & cafque & corfelet ;
Braffards, cuiffards, baudrier, gantelet ;
Lance, clou, dague, épieu, caillou, machoire,
Marche, s'égaïe, & brûle pour la gloire.
   Toute héroïne a befoin d'un Courfier.
Jeanne en demande au trifte Muletier :
Mais auffi-tôt un Ane fe préfente,
Au beau poil gris, à la voix éclatante,
Bien étrillé, fellé, bridé, ferré,
Portant arçons, avec chanfrein doré,
Caracolant, du pied frapant la terre
Comme un Courfier de Thrace, ou d'Angleterre :
   Ce beau grifon deux aîles poffédoit
Sur fon échine, & fouvent s'en fervoit.
Ainfi Pégafe, au haut des deux colines,
Portoit jadis neuf Pucelles Divines ;
Et l'Hypogriphe à la Lune volant,
Portoit Aftolphe au pays de Saint Jean.
Mon cher Lecteur veut connoître cet âne

Qui

Qui vint alors offrir fa croupe à Jeanne,
Il le faura, mais dans un autre Chant:
Je l'avertis, cependant qu'il révère
Cet Ane heureux, qui n'eft pas fans myftère.
Sur fon Grifon, Jeanne a déja monté,
Sur fon rayon Denis eft remonté :
Tous deux s'en vont vers les rives de Loire
Porter au Roi l'efpoir de la Victoire.
L'âne, tantôt trotte d'un pied leger,
Tantôt s'élève & fend les champs de l'air.
Le Cordelier toujours plein de luxure,
Un peu remis de fa trifte avanture,
Ufant enfin de fes droits de Sorcier,
Change en mulet le pauvre Muletier,
Monte deffus, chevauche, pique & jure
Qu'il fuivra Jeanne au bout de la nature.
Le Muletier en fon mulet caché,
Bât fur le dos, crut gagner au marché;
Et du vilain, l'ame terreftre & craffe,
A peine vit qu'elle eut changé de place.

Jeanne & Denis s'en alloient donc vers Tours,
Chercher ce Roi plongé dans les amours,
Près d'Orléans, comme enfemble ils pafférent,
L'oft des Anglais de nuit ils traverférent.
Ces fiers Bretons ayant bu triftement,
Cuvaient leur vin, dormoient profondement.
Tout était yvre, & goujeats & vedettes.
On n'entendoit ni Tambours ni Trompettes;
L'un dans fa tente étoit couché tout nud,
L'autre ronflait près d'un page étendu.

Alors Denis, d'une voix paternelle,
Tint ces propos tout bas à la pucelle:
Fille de bien, tu fauras que Nifus
Etant un foir aux tentes de Turnus,
Bien fécondé de fon cher Euriale,

Rendit

Rendit la nuit aux Rutulois fatale.
Le même advint au quartier de Rhésus
Quand la valeur du preux fils de Tidée,
Par la nuit noire & par Ulisse aidée,
Sut envoyer sans dangers, sans effort,
Tant de Troyens du sommeil à la mort.
Tu peux jouïr de semblable victoire,
Parle, dis-moi, veux-tu de cette gloire?
Jeanne lui dit, je n'ai point lû l'histoire;
Mais je serois de courage bien bas,
De tuer gens qui ne combattent pas.
Disant ces mots elle avise une tente,
Que les rayons de la lune brillante
Faisoient paraitre à ses yeux éblouïs,
Tente d'un Chef, ou d'un jeune Marquîs :
Cent gros flacons remplis de vin exquis,
Sont tous auprès. Jeanne avec assurance
D'un grand pâté prend les vastes débris,
Et boit six coups avec Monsieur Denis
A la santé de son bon Roi de France.
   La tente était celle de Jean Chandos,
Fameux guerrier qui dormoit sur le dos.
Jeanne saisit sa redoutable épée,
Et sa culotte en velours découpée.
Ainsi jadis, David aimé de Dieu
Ayant trouvé Saül en certain lieu,
Et lui pouvant ôter très-bien la vie
De sa chemise il lui coupa partie,
Pour faire voir à tous les Potentats
Ce qu'il pût faire, & ce qu'il ne fit pas.
Près de Chandos était un jeune page
De quatorze ans, mais charmant pour son âge,
Lequel montroit deux globes faits au tour
Qu'on auroit pris pour ceux du tendre amour.
Non loin du Page étoit un écritoire

Dont

Dont fe fervoit le jeune homme après boire,
Quand tendrement quelques vers il faifoit,
Pour la beauté qui fon cœur féduifoit.
Jeanne prend l'encre, & fa main lui deffine
Trois fleurs de lys, jufte deffous l'échine ;
Préfage heureux du bonheur des Gaulois,
Et monument de l'amour de fes Rois.
Le bon Denis voyoit fe pâmant d'àife,
Les lys François fur une feffe Angloife.

   Qui fut penaut le lendemain matin ?
Ce fut Chandos, ayant cuvé fon vin ;
Car s'éveillant il vit fur ce beau Page
Les fleurs de lys : Plein d'une jufte rage,
Il crie alerte, il croit qu'on le trahit,
A fon épée il court auprès du lit ;
Il cherche en vain, l'épée eft difparuë ;
Point de culotte, il fe frotte la vuë,
Il gronde, il crie, & penfe fermement
Que le grand Diable eft entré dans le camp.

   Ah ! qu'un rayon de Soleil & qu'un âne.
Cet âne aîlé qui fur fon dos a Jeanne,
Du Monde entier feraient bientòt le tour.
Jeanne & Denis arrivent à la Cour.
Le doux Prélat fait par expérience
Qu'on eft railleur à cette Cour de France.
Il fe fouvient des propos infolents
Que Richemont lui tint dans Orléans.
Et ne veut plus à pareille avanture
D'un faint Evêque expofer la figure.
Pour fon honneur il prit un nouveau tour.
Il s'afflubla de la trifte encolure
Du bon Roger Seigneur de Baudricour,
Preux, Chevalier, & ferme Catholique
Hardi parleur, loyal & véridique,
Malgré cela pas trop mal à la Cour.

„ Eh jour de Dieu dit-il parlant au Prince
„ Vous languiſſez au fonds d'une Province
„ Eſclave, Roi, par l'amour enchainé,
„ Quoi votre bras indignement repoſe!
„ Ce front Royal ce front n'eſt couronné,
„ Que de tiſſus, & de mirthe, & de roſe!
„ Et vous laiſſez vos cruels ennemis
„ Rois dans la France & ſur le Trone aſſis!
„ Allez mourir ou faites la conquête
„ De vos Etats ravis par ces mutins:
„ Le Diadême eſt fait pour vôtre tête
„ Et les Lauriers n'attendent que vos mains.
„ Dieu dont l'eſprit allume mon courage,
„ Dieu dont ma voix annonce le langage,
„ De ſa faveur eſt prêt à vous couvrir.
„ Oſez le croire, oſez le ſécourir,
„ Suivez du moins cette auguſte Amazone
„ C'eſt vôtre apui, c'eſt le ſoutien du Trône,
„ C'eſt par ſon bras que le Maître des Rois
„ Veut rétablir nos Princes & nos Loix.
„ Jeanne avec vous chaſſera la famille,
„ De cet Anglois ſi terrible & ſi fort.
„ Devenez homme & ſi c'eſt vôtre ſort;
„ D'être à jamais mené par une fille,
„ Fuyez au moins celle qui vous perdit
„ Qui vôtre cœur dans ſes bras amolit,
„ Et digne enfin de ce ſécours étrange
„ Suivez les pas de celle qui vous vange.
L'amant d'Agnès eut toûjours dans le cœur
Avec l'amour un très-grand fond d'honneur.
Au vieux ſoldat le diſcours patétique
A diſſipé ſon ſommeil létargique,
Ainſi qu'un Ange un jour du haut des airs
De ſa trompette ébranlant l'univers
Ouvrant la tombe animant la pouſſiére

Rappel-

Rappellera le morts à la lumiére :
Charle éveillé, Charle bouillant d'ardeur ;
Ne lui répond qu'en s'écriant aux armes.
Les seuls combats à ses yeux ont des charmes,
Il prend sa pique, il brule de fureur.
    Bientôt après la premiére chaleur
De ces transports ou son ame est en proie,
Il voulut voir si celle qu'on envoie
Vient de la part du Diable ou du Seigneur,
Ce qu'il doit croire, & si ce grand prodige
Est en effet ou miracle ou prestige.
Donc se tournant vers la fiére beauté,
Le Roi lui dit d'un ton de Majesté,
Qui confondroit toute autre fille qu'elle,
Jeanne écoutés ; Jeanne, êtes-vous pucelle ?
Jeanne lui dit, Ô grand Sire ordonnez
Que médecins lunettes sur le nez,
Matrones, Clercs, Pédants, Apoticaires
Viennent sonder ces féminins mistères ;
Et si quelqu'un se connait à celà,
Qu'il trousse Jeanne, & qu'il regarde-là,
A sa réponse & sage & mesurée,
Le Roi vit bien qu'elle était inspirée.
    Or sus, dit-il, si vous en savez tant,
Filles de bien ; dites-moi dans l'instant,
Ce que j'ai fait cette nuit à ma belle ;
Mais parlez-net. Rien du tout, lui dit-elle,
Le Roi surpris soudain s'agenouilla,
Cria tout haut miracle, & se signa.
Incontinent la cohorte fourée,
Vient observer le pur & noble sein
De la guerrière entre leurs mains livrée :
Bonnet en tête, Hipocrate à la main,
On la met nuë, & Monsieur le Doyen
Dant le tout considéré très-bien,

Dessu

Deſſus, deſſous, expédie à la belle
En parchemin un brevet de pucelle ;
L'eſprit tout fier de ce brevet ſacré,
Jeanne ſoudain d'un pas déliberé
Retourne au Roi devant lui s'agenouille,
Et déployant la ſuperbe dépouille
Que ſur l'Anglois elle à priſe en paſſant,
Permets, dit elle, ô mon Maître puiſſant
Que ſous tes loix la main de ta Servante
Oſe vanger la France gémiſſante,
Je remplirai tes oracles divins,
J'oſe à tes yeux jurer par mon courage,
Par cette épée & par mon pucelage
Que tu ſera huilé bientôt à Rheims
Tu chaſſeras les Angloiſes cohortes
Qui d'Orléans environnent les portes.
Viens accomplir les auguſtes deſtins
Vient & de Tours abandonnent la rive
Dès ce moment ſouffre que je te ſuive.
Les Courtiſans autour d'elle preſſés,
Les yeux au Ciel & vers Jeanne adreſſés ;
Battent des mains, l'admirent, la ſecondent.
Cent cris de joye à ſon diſcours répondent.
Dans cette foule il n'eſt point de guerrier
Qui ne voulut lui ſervir d'écuyer,
Porter ſa lance, & lui donner ſa vie ;
Il n'en eſt point qui ne ſoit poſſedé
Et de la gloire & de la noble envie
De lui ravir ce qu'elle a tant gardé.
Preſt à partir chaque Officier s'empreſſe.
L'un prend congé de ſa vieille maîtreſſe,
L'un ſans argent va droit à l'uſurier,
L'autre à ſon hôte, & compte ſans payer.
Denis a fait déployer l'oriflamme.
A cet aſpect le Roi Charle s'enflamme

D'un

D'un noble efpoir à fa valeur égal. —
Cet étendart aux ennemis fatal
Cette Héroïne , & cet Ane aux deux aîles
Tout lui promet des palmes immortelles.
　Denis voulut en partant de ces lieux ,
Des deux Amants épargner les adieux.
On eût verfé des larmes trop amères
On eût perdu des heures toujours chères.
Agnès dormait quoi qu'il fut un peu tard ,
Elle étoit loin de craindre un tel départ.
Un fonge heureux dont les erreurs la frappent
Lui retraçoit des plaifirs qui s'échapent.
Elle croyoit tenir entre fes bras
Le cher Amant dont elle eft Souveraine ;
Songe flatteur tu trompois fes apas.
Son Amant fuit , & Saint Denis l'entraine.
Tel dans Paris un Médecin prudent
Force au régime un malade gourmand ,
A l'appetit fe montre inéxorable ;
Et fans pitié le fait fortir de table.

LIVRE TROISIEME.

Defcription du Palais de la fottife. Combat vers Orléans. Agnès fe revêt de l'armure de Jeanne pour aller trouver fon Amant : elle eft prife par les Anglois , & fa pudeur fouffre beaucoup.

CE n'eft le tout d'avoir un grand courage,
Un coup d'œuil ferme au milieu des combats,
D'être

D'être tranquile à l'aspect du carnage,
Et de conduire un monde de soldats;
Car tout cela se voit en tout climats,
Et tour à tour ils ont cet avantage.
Qui me dira si nos ardens Français
Dans ce grand art, l'art affreux de la guerre;
Sont plus savants que l'intrépide Anglais:
Si le Germain l'emporte sur l'Ibére.
Tous ont vaincus, tous ont étés défaits.
Le grand Condé fut battu par Turenne,
Le fier Villars fut vaincu par Eugéne;
De Staniflas le vertueux suport
Ce Roi soldat, Don Quichotte du Nord,
Dont la valeur a paru plus qu'humaine,
N'a t'il pas vu dans le fonds de l'Ukraine
A Pultava tous ses lauriers flétris,
Par un rival objet de ses mépris?
Un beau secret serait à mon avis
De bien savoir éblouir le vulgaire,
De s'établir un Divin caractère,
D'en imposer aux yeux des ennemis:
Car les Romains à qui tout fut soumis
Domptaient l'Europe au milieu des miracles.
Le Ciel pour eux prodigua les oracles.
Jupiter, Mars, Pollux & tous les Dieux
Guidaient leur Aigle, & combattaient pour eux.
Ce grand Bacchus qui mit l'Asie en cendre,
L'antique Hercule & le fier Alexandre
Pour mieux régner sur les peuples conquis
De Jupiter ont passé pour les fils.
Et l'on voyait les Princes de la terre
A leurs genoux redouter le tonnerre.
    Denis suivit ces exemples fameux,
Il prétendit que Jeanne la pucelle
Chez les Anglais passât même pour telle

Et que Betfort, & Talbot, & Chandos
Et Tirconel, qui n'étoient pas des fots,
Cruffent la chofe, & qu'ils viffent dans Jeanne
Un bras divin fatal à tout profane.
Il s'en va prendre un vieux Bénédictin,
Non tel que ceux dont le travail immenfe
Vient d'enrichir les Libraires de France,
Mais un Prieur engraiffé d'ignorance,
Et n'ayant lu que fon miffel Latin.
Frére Lourdis fut le bon perfonnage
Qui fut choifi pour ce nouveau voyage.
  De vers la lune où l'on tient que jadis
Etait placé deffous le Paradis
Sur les confins de cet abime immenfe
Où le cahos, & l'Erébe & la nuit
Avant les tems de l'univers produit
Ont exercé leur aveugle puiffance,
Il eft un vafte & caverneux féjour
Peu careffé des doux rayons du jour,
Et qui n'a rien qu'une lumiére affreufe
Froide, tremblante, incertaine & trompeufe;
Pour tout étoile on a des feux folets.
L'air eft peuplé de petits farfadets.
De ce pays la Reine eft la fottife,
Ce viel enfant porte une barbe grife,
Oreille longue avec le chef pointu,
Bouche béante, œuil louche, pied tortu.
De l'ignorance elle eft, dit-on, la fille.
Près de fon trône eft fa fotte famille,
Le fol orgueil, l'opiniatreté,
Et la pareffe & la crédulité;
Elle eft fervie, elle eft flattée en reine,
On la croirait en effet fouveraine;
Mais ce n'eft rien qu'un fantôme impuiffant
Un Chilperic, un vrai roi fainéant.

La

La fourberie est son ministre avide
Tout est réglé par ce maire perfide;
Et la sottise est son digne instrument.
Sa cour plénière est à son gré fournie
De gens profonds en fait d'astrologie,
Surs de leur art, à tous momens déçus
Duppes, frippons, & partant toujours crus.
  C'est-là qu'on voit les maîtres d'alchimie
Faisant de l'or, & n'ayant pas un sou,
Les roses-croix, & tout ce peuple fou
Argumentant sur la Théologie.
  Le gros Lourdis pour aller en ces lieux
Fut donc choisi parmi tous ses confréres.
Lorsque la nuit couvroit le front des Cieux
D'un tourbillon de vapeurs non légéres,
Enveloppé dans le sein du repos,
Il fut conduit au paradis des sots.
Quand il y fut il ne s'étonna guères,
Tout lui plaisait; & même en arrivant
Il crut encor être dans son couvent.
Il vit d'abord la suite emblêmatique
Des beaux tableaux de ce séjour antique.
  Caco-Démon qui ce grand temple orna.
Sur la muraille à plaisir grifonna
Un long tableau de toutes nos sottises,
Traits d'étourdi, pas de clerc, balourdises
Projets mal faits, plus mal exécutés
Et tous les mois du mercure vantez.
Dans cet amas de merveilles confuses,
Parmi ces flots d'imposteurs & de buses,
On voit surtout un superbe Ecossais
Laws est son nom; nouveau Roi des Français;
D'un beau papier il porte un diadéme,
Et sur son front il est écrit *sistéme*.
Environné de grands balots de vent,

Sa

Sa noble main les donne à tous venants ;
Prêtres, catins, guerriers, gens de justice
Lui vont porter leur or par avarice.
   Ah quel spectacle ! Ah vous êtes donc là !
Tendre Escobar, suffisant Molina ,
Petit Doucin dont la main pateline
Donne à baiser une bulle Divine.
Que le Tellier lourdement fabriqua ;
Dont Rome même en secret se moqua ,
Et qui chez nous est la noble origine
De nos partis, de nos divisions,
Et qui pis est de volumes profonds
Remplis , dit-on, de poisons hérétiques ,
Tous poisons froids , & tous soporifiques.
Les combattans nouveaux Bellérofons,
Dans cette nuit montés sur des chimères
Les yeux bandés cherchent leurs adversaires ;
De long siflets leur servent de clairons,
Et dans leur docte & sainte frénésie
Ils vont frappant à grands coups de vessie.
Ciel, que d'écrits ! de disquisitions,
De mandements & d'explications
Que l'on explique encor peur de s'entendre ?
O Croniqueur des héros du scamandre ,
Toi qui jadis des grenouilles, des rats
Si doctement as chanté les combats,
Sors du tombeau, viens célébrer la guerre
Que pour la bulle on fera sur la terre.
Le Janseniste esclave du destin,
Enfant perdu de la grace efficace
Dans ses drapeaux porte un Saint Augustin,
Et pour *plusieurs*, il marche avec audace.
Les ennemis s'avançent tout courbés
Dessus le dos de cent petits Abbés.
Cessez, cessez, ô discordes civiles ;

Tout

Tout va changer ; place , place imbécile?
Un grand tombeau fans ornement fans art
Eft élevé non loin de Saint Médard.
L'efprit divin pour éclairer la France
Sous cette tombe enferme fa puiffance.
L'aveugle y court ; & d'un pas chancelant
Aux quinze-vingt retourne en tâtonnant.
Le boiteux vient clopinant fur fa tombe ,
Crie hofanna, faute, gigotte, & tombe.
Le fourd aproche, écoute, & n'entend rien.
Tout auffitôt de pauvres gens de bien
D'aife pâmés , vrais témoins de miracle
Du bon Pâris baifent le tabernacle.
Frére Lourdis fixant fes deux gros yeux
Voit ce faint œuvre, en rend graces aux Cieux ;
Joint les deux mains, & riant d'un fot rire
Ne comprend rien, & toute chofe admire.
    Ah ! le voici ce favant tribunal
Moitié Prélats , & moitié monacal ;
D'Inquifiteurs une troupe facrée ,
Eft - là pour Dieu de Sbires entourée.
Ces faints Docteurs affis en jugement
Ont pour habit plumes en chathuant ;
Oreilles d'âne ornent leur tête augufte ;
Et pour pefer le jufte avec l'injufte,
Le vrai le faux , balance eft dans leurs mains.
Cette balance a deux larges baffins ;
L'un tout comblé contient lorfqu'ils excroquent
Le bien , le fang des Pénitens qu'ils croquent ;
Dans l'autre font bulles , brefs , orémus
Beaux chapelets , fcapulaires , agnus.
Aux pieds bénits de la docte affemblée
Voyez - vous pas le pauvre Galilée ,
Qui tout contrit leur demande pardon ;]
Bien condamné pour avoir eu raifon ?

Murs

Murs de Loudun, quel nouveau feu s'alume?
C'eſt un Curé que le bucher conſume.
Douze faquins ont déclaré ſorcier
Et fait griller Meſſire Urbain Grandier.

  Galigaï, ma chere Maréchale,
Ah, qu'aux ſavants nôtre France eſt fatale !
Car on te chaufe en feu brillant & clair.
Pour avoir fait pacté avec Lucifer.
Je vois plus loin cet arreſt autentique
Pour Ariſtote, & contre l'émétique.

  Venez, venez mon beau pére Girard,
Vous méritez un long article à part.
Vous voilà donc mon confeſſeur de fille
Tendre dévot qui préchez à la grille,
Que dites-vous des pénitens apas
De ce tendron converti dans vos bras?
J'eſtime fort cette douce avanture.
Tout eſt humain Girard en vôtre fait:
Ce n'eſt pas la pécher contre nature:
Que de dévots en ont encor plus fait!
Mais mon ami je ne m'attendais guere
De voir entrer le Diable en cette affaire.
Girard, Girard tous tes accuſateurs,
Jacobin, carme, & faiſeur d'Ecriture,
Juges, témoins, ennemis, protecteurs,
Aucun de vous n'eſt ſorcier, je vous jure.

  Lourdis était auſſi de ce tableau;
Mais à ſes yeux il n'en put rien paraitre.
Il ne vit rien; le cas n'eſt pas nouveau.
Le plus habile a peine à ſe connaître.

  Quand vers la Lune ainſi l'on préparait
Contre l'Anglais cet innocent miſtère
Une autre ſcêne en ce moment s'ouvrait,
Chez les grands fous du monde Sublunaire.
Charle eſt déja parti pour Orléans,

Ses étendarts flottent au gré des vents.
A ses cotés Jeanne le Casque en tête
Déja de Rheims lui promet la conquête.
Voyez-vous pas ces jeunes Ecuyers,
Et cette fleur de Loyaux Chevaliers ;
La lance au poing cette troupe environne
Avec respect notre Sainte Amazonne.
Ainsi l'on voit le sexe masculin
A Fontevraux servir le feminin.
Le Sceptre est là dans les mains d'une femme;
Et pére Anselme est béni par Madame.
   La belle Agnés en ces cruels moments
Ne voyant plus son amant qu'elle adore
Céde au chagrin dont l'excés la dévore
Un froid mortel s'empare de ses sens.
L'ami Bonneau toujours plein d'industrie
En cent façons la rapelle à la vie.
Elle ouvre encor ses yeux, ces doux vainqueurs
Mais ce n'est plus que pour verser des pleurs.
Puis sur Bonneau se penchant d'un air tendre
C'en est donc fait, dit-elle on me trahit.
Ou va-t-il donc ? que veut-il entreprendre ?
Etait-ce là les serments qu'il me fit
Lorsqu'à sa flamme il me fit condescendre ?
Toute la nuit il faudra donc m'étendre
Sans mon amant, seule au milieu d'un lit.
Et cependant cette Jeanne hardie,
Non des Anglais, mais d'Agnès ennemie
Va contre moy lui prévenir l'esprit.
Ciel que je hais ces créatures fieres,
Soldats en juppe, hommasses Chevaliéres.
Du Sexe mâle affectant la valeur
Sans posseder les agréments du notre
A tous les deux prétendant faire honneur
Et qui ne sont ny de l'un ni de l'autre.
               B 4   Disant

Difant ces mots elle pleure & rougit
Frémit de rage, & de douleur gemit
La jaloufie en fes yeux étincèle.
Puis tout à coup d'une rufe nouvelle
Le tendre amour lui fournit le deffein.

Vers Orleans elle prend fon chemin,
De Dame Alix & de Bonneau fuivie.
Agnès arrive en une hotellerie,
Ou dans l'inftant laffe de chevaucher
La fiére Jeanne avait été coucher.
Agnès attend qu'en ce logis tout dorme,
Et cependant fubtilement s'informe
Où couche Jeanne, où l'on met fon harnois.
Puis dans la nuit fe gliffe en tapinois ;
De Jean Chandos prend la culotte, & paffe
Ses cuiffes entre, & l'aiguillette lâce ;
De l'amazone elle prend la cuiraffe.
Le dur acier forgé pour les combats,
Preffe & meurtrit fes membres délicats.
L'ami Bonneau la foutient fous les bras.

La belle Agnès dit alors à voix baffe,
Amour, amour, maitre de tous mes fens,
Donne la force à cette main tremblante,
Fais-moi porter cette armure pefante,
Pour mieux toucher l'auteur de mes tourments.
Mon amant veût une fille guerriére,
Tu fais d'Agnès un foldat pour lui plaire :
Je le fuivrai, qu'il permette aujourdhui
Que ce foit moi qui combatte avec lui,
Et fi jamais la terrible tempête
Des dards Anglais vient menacer fa tête,
Qu'il tombent tous fur ces triftes apas,
Qu'il foit du moins fauvé par mon trépas ;
Qu'il vive heureux, que je meure pâmée,
Entre fes bras, & que je meure aimée.

Tandis

Tandis qu'ainſi cette belle parlait,
Et que Bonneau, ſes armes lui mettait,
Le Roi Charlot à trois milles était.

La tendre Agnès prétend à l'heure même
Pendant la nuit aller voir ce qu'elle aime.
Ainſi vétuë & pliant ſous le poids,
N'en pouvant plus, maudiſſant ſon harnois,
Sur un cheval elle s'en va juchée,
Jambe meurtrie, & la feſſe écorchée.
Le gros Bonneau ſur un normand monté
Va lourdement & ronfle à ſon côté.
Le tendre amour qui craint tout pour la belle
La voit partir & ſoupire pour elle.

Agnès à peine avait gagné chemin
Qu'elle entendit devers un bois voiſin
Bruit de Chevaux, & grand cliquetis d'armes.
Le bruit redouble ; & voici des gens d'armes,
Vêtus de Rouge, & pour comble de maux,
C'était les gens de Monſieur Jean Chandos.
L'un d'eux s'avance & demande. *qui vive ?*
A ce grand cri nôtre amante naïve
Songeant au Roi, répondit ſans détour,
Je ſuis Agnès, vive France, & l'amour.
A ces deux noms que le Ciel, équitable
Voulut unir du nœud le plus durable,
On prend Agnès & ſon gros confident,
Ils ſont tous deux menés incontinent
A ce Chandos qui terrible en ſa rage
Avait juré de vanger ſon outrage,
Et de punir les brigans ennemis
Qui ſa culotte & ſon fer avaient pris.

Dans ces momens ou la main bien faiſante
Du doux ſommeil laiſſe nos yeux ouverts,
Quand les oiſeaux reprennent leurs concerts,
Qu'on ſent en ſoi ſa vigueur renaiſſante,

Que

Que les défirs péres des voluptés
Sont par les fens dans notre ame excités,
Dans ces moments Chandos on te préfente
La belle Agnés, plus belle & plus brillante
Que le foleil au bord de l'Orient.
Que fentis-tu Chandos en t'éveillant
Lors que tu vis cette nymphe fi belle,
A tes côtés, & tes grégues fur elle?
  Chandos preffé d'un aiguillon bien vif
La dévorait de fon regard lafcif.
Agnès en tremble, & l'entend qu'il marmote
Entre fes dents : *je r'aurai ma Culotte.*
A fon chevet d'abord il la fait feoir :
Quittez .dit-il ma belle prifonnière,
Quittez ce poids d'une armure étrangère.
Ainfi parlant plein d'ardeur & d'efpoir
Il la décafque, il vous la décuiraffe :
La belle Agnès s'en deffend avec grace,
Elle rougit d'une aimable pudeur
Penfant a Charle, & foumife au vainqueur.
Le gros Bonneau que le Chandos deftine
Au digne emploi de chef de fa cuifine,
Va dans l'inftant mériter cet honneur ;
Des boudins blancs, il étoit l'inventeur,
Et tu lui dois ô Nation Françoife,
Patés d'anguilles, & gigots a la braize.
Monfieur Chandos, hélas que faites vous?
Difait Agnès d'un ton timide & doux.
Par dieu dit-il (tout Héros Anglais jure)
Qu'elqu'un m'a fait une fanglante injure.
Cette Culotte eft mienne, & je prendrai
Ce qui fut mien où je le trouverai.
Parler ainfi, mettre Agnès toute nuë,
C'eft même chofe; & la belle éperduë
Tout en pleurant étoit entre fes bras,

Et

Et lui difait, non je n'y confens pas.
  Dans l'inftant même un horrible fracas
Se fait entendre ; on crie, alerte, aux armes ;
Et la trompette organe du trépas
Sonne la charge , & porte les allarmes.
A fon réveil Jeanne cherchant en vain
L'affublement du harnois mafculin,
Son bel armet ombragé de l'aigrette
Et fon hautbert, & fa large braguette,
Sans raifonner faifit foudainement,
D'un Ecuyer le dur acoutrement,
Monte à cheval fur fon âne ; & s'écrie
Venez venger l'honneur de la Patrie.
Cent Chevaliers s'empreffent fur fes pas.
Ils font fuivis de fix cent vingt foldats.
  Frére Lourdis en ce moment de crife
Du beau palais où régne la fottife
Eft defcendu chez les Anglais guerriers ,
Environné d'atomes tout groffiers ,
Sur fon gros dos portant balourderies,
Oeuvres de Moine , & belles âneries.
Ainfi bâté fitôt qu'il arrivâ,
Sur les Anglois fa robe il fécouâ
Son ample robe , & dans leur camp verfâ
Tous les tréfors de fa craffe ignorance,
Tréfors communs au bon pays de France.
Ainfi des nuits la noire Déité
Du haut d'un char d'ébéne marqueté
Répand fur nous les pavots & les fonges,
Et nous endort dans le fein des menfonges.

LIVRE

LIVRE QUATRIEME.

Jeanne & Dunois combattent les Anglais.
Ce qui leur arrive dans le chateau de
Conculix.

SI j'étais Roi je voudrais être jufte,
    Dans le repos maintenir mes fujets,
Et tous les jours de mon Empire augufte
Seraient marqués par de nouveaux bienfaits.
Que fi j'étais Controlleur des finances,
Je donnerais à quelques beaux efprits
Par-ci, par-là de bonnes ordonnances ;
Car après tout leur travail vaut fon prix.
Que fi j'étais Archevêque à Paris,
Je tacherais avec le Molinifte
D'aprivoifer le rude Janfénifte ;
Mais fi j'aimais une jeune beauté
Je ne voudrais m'éloigner d'auprès d'elle ;
Et chaque jour une fête nouvelle
Chaffant l'ennui de l'uniformité,
Tiendrait fon cœur en mes fers arrêté :
Heureux Amants que l'abfence eft cruelle ;
Que de dangers on effuye en amour !
On rifque hélas dès qu'on quitte fa belle
D'être cocu deux où trois fois par jour.
    Le preux Chandos à peine avait la joye
De s'ébaudir fur fa nouvelle proye,
Quand tout-à-coup Jeanne de rang en rang
Porte la mort & fait couler le fang.

De

De Débora la redoutable lance
Perce Dildo si fatal à la France,
Lui qui pilla les trésors de Clervaux.
Et viola les sœurs de Fontevraux.
D'un coup nouveau les deux yeux elle créve
A Fonkinar digne d'aller en gréve.
Cet impudent né dans les durs climats
De l'hibernie au milieu des frimats,
Depuis trois ans faisait l'amour en France
Comme un enfant de Rome où de Florence
Elle terrasse & Milord Halifax
Et son cousin l'impertinent Borax,
Et Midarblou qui renia son pére,
Et Bartonay qui fit cocu son frére.
A son exemple on ne voit Chevalier,
Il n'est gendarme, il n'est bon écuyer
Qui dix Anglais n'enfile de sa lance.
La mort les suit, la terreur les devance.
On croyait voir en ce combat affreux.
Un DIEU puissant qui combat avec eux.
    Parmi le bruit de l'horrible tempête
Frére Lourdis crioit à pleine tête ;
Elle est pucelle ; Anglais frémissez tous.
C'est Saint Denis qui l'arme contre vous ;
Elle est pucelle ; elle a fait des miracles,
Contre son bras vous n'avez point d'obstacles.
Vite à genoux excrémens d'Albion,
Demandez-lui sa bénédiction.
Certain Anglais écumant de colére
Incontinent fait empoigner le Frére.
On vous le lie, & le Moine content
Sans s'émouvoir continuait criant :
Je suis Martin ; Anglais il faut me croire.
Elle est pucelle ; elle aura la victoire.
L'homme est crédule, & dans son faible cœur
Tout

Tout eft reçu ; c'eft une mole argile.
Mais que furtout il paroit bien facile
De nous furprendre & de nous faire peur !
Du bon Lourdis le difcours extatique
Fit plus d'effet fur le cœur des foldats,
Que l'amazone & fa troupe héroïque
N'en avaient fait par l'effort de leurs bras.
Ce vieil inftinct qui fait croire aux-prodiges,
L'efprit d'erreur, le trouble, les vertiges,
La froide crainte & la confufion
Sur les Anglais répandent leur poifon.
Les cris perçants, & les clameurs qu'ils jettent,
Les hurlemens que les échos répétent,
Et la·trompette & le fon des tambours
Font un vacarme à rendre les gens fourds.

 Le grand Chandos toujours plein d'affurance
Leur crie : enfans Conquérans de la France,
Marchez à droite, il dit, & dans l'inftant
On tourne à gauche, & l'on fuit en jurant.
Ainfi jadis dans ces plaines fécondes
Qui de l'Euphrate environnent les ondes
Quand des humains l'orgueil capricieux
Voulut bâtir près des voutes des Cieux,
DIEU ne voulant d'un pareil voifinage
En cent jargons tranfmua leur langage.
Sitôt qu'un d'eux à boire demandait
Plâtre où mortier d'abòrd on lui donnait;
Et cette gent de qui DIEU fe moquait,
Se fépara laiffant-là fon ouvrage.

 L'on fait bientôt aux remparts d'Orléans
Ce grand combat contre les affiégeans.
La renommée y vole à tire d'aile,
Et va pronant le nom de la *pucelle* :
Vous connoiffez l'impétueufe ardeur
De nos Français. Ces fous font pleins d'honneur,
Ainfi

Ainſi qu'au bal ils vont tous aux batailles.
Déja Dunois la gloire des bâtards,
Dunois qu'en Gréce on aurait pris pour Mars
Et la Trimouille, & la Hire, & Saintrailles
Et Richemont ſont ſortis des murailles,
Croyant déja chaſſer les ennemis,
Et criant tous ; où ſont-ils, où ſont-ils ?
 Ils n'étaient pas bien loin ; car près des portes
Sire Talbot, homme de très grand ſens,
Pour s'oppoſer à l'ardeur de nos gens
En embuſcade avait mis dix cohortes.
Nos Chevaliers à peine ont fait cent pas,
Que ce Talbot leur tombe ſur les bras ;
Mais nos Français ne s'étonnèrent pas.
Champ d'Orléans, noble & petit théatre
De ce combat terrible, opiniatre,
Le ſang humain dont vous futes couverts
Vous engraiſſa pour plus de cent hivers.
Jamais les champs de Zama, de Pharſale,
De Malplaquet la Campagne fatale
Célèbres lieux couverts de tant de tant de morts
N'ont vû tenter de plus hardis efforts.
Vous euſſiez-vû les lances hériſſées,
L'une ſur l'autre en cent tronçons caſſées,
Les Ecuyers, les chevaux renverſés
Deſſus leurs pieds dans l'inſtant redreſſés,
Le feu jaillir des coups de cimeterre,
Et du ſoleil redoubler la lumière,
De tous côtés, voler tomber a bas
Epaules, nez, mentons, pieds, jambes, bras.
 Du haut des Cieux les anges de la guerre,
Le fier Michel & l'exterminateur,
Et des Perſans le grand flagellateur
Avaient les yeux attachés ſur la terre
Et regardaient ce combat plein d'horreur.
       Michel

Michel alors prit les vaftes balances
Où dans le Ciel on péfe les humains.
D'une main fure il pefa les Deftins
Et les Héros d'Angleterre & de France.
Nos Chevaliers pefés exactement
Légers de poids par malheur fe trouvèrent :
Du vieux Talbot les deftins l'emportèrent :
C'était du Ciel un fecret jugement.
Le Richemont fe voit incontinent
Percé d'un trait de la hanche à la feffe.
Le vieux Saintraille au deffus du genou,
Le beau la Hjre ; ah je n'ofe dire où ;
Mais que je plains fa gentille maîtreffe !
Dans un marais la Trimouille enfoncé
N'en put fortir qu'avec un bras caffé :
Donc à la ville il fallut qu'ils revinffent
Tout éclopés, & qu'au lit ils fe tinffent.
Voilà comment ils furent bien punis,
Car ils s'étaient moqués de Saint Denis.
    Comme il lui plait Dieu fait juftice où grace :
Quênel l'a dit ; nul ne peut en douter.
Or il lui plut le batard excepter
Des étourdis dont il punit l'audace.
Un chacun d'eux laidement ajufté
S'en retournait fur un brancard porté,
En maugréant & Jeanne & fa fortune.
Dunois n'ayant égratignûre aucune
Pouffe aux Anglais plus prompt que les éclairs.
Il fend leurs rangs ; fe fait jour à travers,
Paffe, & fe trouve aux lieux où la pucelle
Fait tout tomber, où tout fuit devant elle.
Quand deux torrens l'effroi des laboureurs
Précipités du fommet des montagnes
Mêlent leurs flots, affemblent leurs fureurs,
Ils vont noyer l'efpoir de nos campagnes ;

Plus

Plus dangereux étaient Jeanne & Dunois,
Unis enfemble & frapants à la fois.
   Dans leur ardeur fi bien ils s'emportèrent,
Si rudement les Anglais ils chaffèrent
Que de leurs gens bientôt ils s'écartèrent.
La nuit furvint ; Jeanne & l'autre Héros
N'entendant plus ni Français ni Chandos
Font tous deux halte en criant *vive France*.
Au coin d'un bois où régnait le filence :
Au clair de Lune ils cherchent le chemin,
Ils viennent ; vont, tournent, le tout en vain ;
Enfin rendus ainfi que leur monture,
Mourans de fin & laffés de chercher ;
Ils maudiffaient la fatale avanture
D'avoir vaincu fans favoir où coucher.
Tel un vaiffeau fans voile, fans bouffole
Tournoïe au gré de Neptune & d'Eole.
Un certain chien qui paffa tout auprès
Pour les fauver fembla venir exprès ;
Ce chien aproche, il jappe, il leur fait fête
Virant fa queue & portant haut fa tête.
Devant eux marche, & fe tournant cent fois
Il paraiffait leur dire en fon patois ;
Venez par-là ; Meffieurs, fuivez moi vite ;
Venez vous dis-je & vous aurez bon gite.
Nos deux Héros entendirent fort bien
Par ces façons ce que voulait ce chien.
Ils fuivent donc guidez par l'efpérance,
En priant DIEU pour le bien de la France
Et fe faifant tous deux de tems en tems
Sur leurs exploits de très beaux compliments.
Du coin lafcif d'une vive prunelle
Dunois lorgnait malgré lui la pucelle,
Mais il favait qu'à fon bijoù caché
De tout l'Etat le fort eft attaché,

                                     Et

Et qu'à jamais la France eft ruinée
Si cette fleur fe cueille avant l'année.
Il étouffait noblement fes defirs
Et préferait l'Etat à fes plaifirs.
    Au point du jour aparut à leur vûe
Un beau Palais d'une vafte étendue.
De marbre blanc étoit bati le mur.
Une dorique & longue colonade
Porte un balcon formé de jafpe pur ;
De porcelaine étoit la baluftrade.
Nos paladins enchantés, éblouïs
Crurent entrer tout droit en Paradis.
Le chien aboye ; auffi-tôt vingt trompettes
Se font entendre, & quarante eftafiers
A pourpoints d'or, à brillantes braguettes
Viennent s'offrir à nos deux Chevaliers.
Très-galamant deux jeunes écuyers
Dans le Palais par la main les conduifent
Dans des bains d'or filles les introduifent
Honnêtement ; puis lavés, effuyés
D'un déjeuner amplement feftoyés
Dans de beaux lits brodés ils fe couchèrent
Et jufqu'au foir en Héros ils ronflèrent.
    Il faut favoir que le Maître & Seigneur
De ce logis digne d'un Empereur,
Etait le fils de l'un de ces Génies
Des vaftes Cieux habitants éternels,
De qui fouvent les grandeurs infinies
S'humanifaient chez les faibles mortels.
Or cet efprit mêlant fa chair divine
Avec la chair d'une bénédictine,
En avoit eu le Seigneur Conculix,
Grand Négromant & le très digne fils
De cet incube & de la mére Alix.
Le jour qu'il eut quatorze ans accomplis,

Son

Son géniteur defcendant de fa fphére
Lui dit, enfant tu me dois la lumiére ;
Je viens te voir, tu peux former des vœux ;
Souhaite, parle, & je te rends heureux.
Le Conculix né très voluptueux
Et digne en tout de fa belle origine,
Dit : je me fens de race bien divine
Car je raffemble en moi tous les défirs,
Et je voudrais avoir tous les plaifirs.
De voluptez raffafiez mon ame.
Je veux aimer comme homme & comme femme,
Etre la nuit du fexe feminin,
Et tout le jour du fexe mafculin.
L'incube dit : tel fera ton deftin ;
Et dès ce jour la ribaude figure
Jouit des droits de fa double nature.
   Mais Conculix avoit oublié net,
De demander un don plus néceffaire,
Un don fans quoi nul plaifir n'eft parfait ;
Un don charmant, eh quoi ? celui de plaire.
Dieu pour punir ce génie effréné
Le rendit laid comme un Diable encorné.
Et l'impudique avoit deffous le linge
Odeur d'un bouc & poil gris d'un vieux finge.
Pour comble enfin de lui-même charmé
Il fe croyait tout fait pour être aimé.
De tous côtés on lui cherchait des belles
Des bacheliers, des pages, des pucelles,
Et fi quelqu'un à ce monftre lafcif
N'accordait pas le plaifir malhonnête,
Bouchait fon nez où détournait la tête,
Il était fur d'être empalé tout vif.
   Le foir venu Conculix étant femme,
Un farfadet de la part de Madame
S'en vint prier Monfeigneur le batard.

De

De vouloir bien defcendre fur le tard
Dans l'entrefol, tandis qu'en compagnie ;
Jeanne foupait avec cérémonie.
Le beau Dunois tout parfumé defcend,
Chez Conculix un foupé fin l'attend :
Madame avait prodigué la parure,
Les Diamans furchargeaient fa coeffure ;
Son gros cou jaune & fes deux bras quarrez,
Sont de rubis, de perles entourez,
Elle en était encor plus effroiable.
Elle le preffe au fortir de la table
Dunois trembla pour la premiére fois
Des Chevaliers c'était le plus courtois.
Il eut voulu de quelque politeffe,
Payer au moins les foins de fon hoteffe.
Et du tendron contemplant la laideur ;
Il fe difait : j'en aurai plvs d'honneur.
Il n'en eut point : le plus brillant courage
Peut quelque fois effuyer cet outrage.
Lors Conculix qui le crut impuiffant
Chaffa du lit le guerrier languiffant,
Et prononça la fentence fatale ;
Criant aux fiens, *fergents, qu'on me l'empale.*
    Le beau Dunois vit faire incontinent
Tous les aprêts de ce grand chatiment,
Ce fier guerrier, l'honneur de fa Patrie
S'en va périr au printems de fa vie.
Dedans la Cour il eft conduit tout nû
Pour être affis fur un baton pointu.
    Déja du jour la belle avant-courière
De l'Orient entrouvrait la barriére.
Or vous favez que cet inftant préfix
Changeait Madame en Monfieur Conculix.
Alors brulant d'une flamme nouvelle
Il s'en va droit au lit de la pucelle,

Les

Les rideaux tire, & lui fourant au fein
Les doigts velus d'une gluante main,
Il a déja l'héroïne empeſtée
D'nn gros baiſer de ſa bouche infectée:
Plus il s'agite, & plus il devient laid.
Jeanne qu'anime une chrêtienne rage
D'un bras nerveux lui détache un fouflet
A poing fermé ſur ſon vilain viſage.
Le magot tombe & roule en bas du lit,
Les yeux ſe poche, & le nez ſe meurtrit,
Il crie, il heurle ; une troupe profane
Vient à ſon aide ; on vous empoigne Jeanne ;
On va punir ſa fiére cruauté
Par l'inſtrument chez les Turcs uſité.
De ſa chemiſe auffi-tôt dépouillée
De coups de fouet en paſſant flagellée
Elle eſt livrée aux cruels empâleurs.
Le beau Dunois ſoumis à leurs fureurs
N'attendant plus que ſon heure derniére ;
Faiſait à Dieu ſa dévote priére.
Mais une œuillade impérieuſe & fiére,
De tems en tems étonnait les boureaux
Et ſes regards diſaient, *c'eſt un Héros*.
Mais quand Dunois eut vû ſon Héroïne
Des fleurs de lys vangereſſe divine
Prête à ſubir cette effroyable mort ;
Il déplora l'inconſtance du ſort :
De la pucelle il parcourait les charmes
Et regardant les funeſtes aprêts
De ce trépas, il répandit des larmes,
Que pour lui-même il ne verſa jamais.

Non moins ſuperbe & non moins charitable
Jeanne aux frayeurs toujours impénétrable
Languiſſamment le beau batard lorgnait,
Et pour lui ſeul ſon grand cœur gémiſſait.

Leur nudité, leur beauté, leur jeuneſſe
Dans leur pitié mêlaient trop de tendreſſe.
Leur feu ſecrets par un deſtin nouveau
Ne ſéchapaient qu'au bord de leur tombeau :
Et cependant l'animal amphibie
A ſon dépit joignant la jalouſie
Faiſait aux ſiens l'effroyable ſignal
Qu'on embrochat le couple déloyal.
    Dans ce moment une voix de tonnerre
Qui fit trembler & les airs & la terre,
Crie, *arrétez, gardez-vous d'empâler.*
N'empalez-pas. Ces mots font reculer
Les fiers licteurs. On regarde, on aviſe
Sous le portail un grand-homme d'Egliſe,
Coëffé d'un froc, les reins ceints d'un cordon,
On reconnut le Pére Gris bourdon.
Ainſi qu'un chien dans la forêt voiſine
Ayant ſenti d'une adroite narine
Le doux fumet, & tous ces petits corps
Sortant au loin de quelque cerf dix corps ;
Il le pourſuit d'une courſe légére,
Et ſans le voir par l'odorat mené
Franchit foſſés, ſe gliſſe en la bruyére
Et d'autres cerfs il n'eſt point détourné :
L'indigne fils de Saint François d'Aſſiſe
Porté toûjours ſur ſon lourd muletier
De la pucelle a ſuivi le ſentier,
Courant ſans ceſſe & ne lâchant point priſe.
    En arrivant il criâ Conculix,
Au nom du Diable & par les eaux du Stix,
Par le Démon qui fut ton digne pére ;
Par le Pſautier de ſœur Alix ta mére ;
Sauve le jour à l'objet de mes vœux.
Regarde-moi ; je viens payer pour deux.
Si ce guerrier & ſi cette pucelle

Ont mérité ton indignation
Je tiendrai lieu de ce couple rebelle,
Tu fçais qu'elle eft ma réputation.
Tu vois de plus cet animal infigne
Ce mien mulet de me porter fi digne.
Je t'en fais don, c'eft pour toi qu'il eft fait;
Et tu diras, tel moine, tel mulet.
Laiffons aller ce gendarme profane.
Qu'on le délie, & qu'on nous laiffe Jeanne,
Nous demandons tous deux pour digne prix
Cette beauté dont nos cœurs font épris.

On vous dira qu'il n'eft point de femelle
Tant pudibonde, & tant vierge fut-elle,
Qui n'eut été fort aife en pareil cas;
Mais la pucelle aimait mieux le trépas.
Et ce fecours infernal & lubrique
Semblait horrible à fon ame pudique.
Elle pleurait, elle imploroit les Cieux;
Et rougiffant d'être ainfi toure nuë
De tems en tems fermant fes triftes yeux
Ne voyant point, penfait n'être point vuë.

Le bon Dunois étoit défefperé.
Quoi difait-il, ce pendart décloîtré
Aura ma Jeanne, & perdra ma Patrie!
Tout va ceder à ce forcier impie,
Tandis que moi difcret jufqu'à ce jour
Modeftement je cachais mon amour.
Pour Conculix le difcours énergique
Du Cordelier fit fur lui grand effet.
Il accepta le marché féraphique,
Ce foir, dit-il vous, & vôtre mulet
Tenez vous prets. Cependant je pardonné
A ces Français & vous les abandonne.

Le Moine alors d'un air d'autorité
Frapâ trois coups fur l'animal bâté,

Puis

Puis fit un cercle , & prit de la pouffiére
Que fur la bête il jetta par derriére ,
En lui difant , ces mots toujours puiffants
Que Zoroaftre enfeignait aux Perfans.
A ces grands mots dits en langue du Diable ;
O grand pouvoir , ô merveille ineffable !
Nôtre mulet fur deux pieds fe dreffa
Sa tête oblongue en ronde fe changea ,
Ses longs crins noirs petits cheveux devinrent ;
Sous fon bonnet fes oreilles fe tinrent.
Ainfi jadis ce fublime Empereur
Dont DIEU punit le cœur dur & fuperbe ,
Sept ans cheval & fept ans nourri d'herbe ,
Redevint homme ; & n'en fut pas meilleur.
Du ceintre bleu de la célefte fphére
Denis voyait avec des yeux de pére
De Jeanne d'Arc le trifte & piteux cas ;
Il eut voulu s'élancer ici bas ;
Mais il était lui-même en embarras.
Denis s'était attiré fur les bras
Par fon voyage une facheufe affaire.
Saint George était le Patron d'Angleterre ;
Il fe plaignit que Monfieur Saint Denis
Sans aucun ordre & fans aucun avis
A fes Bretons eut fait ainfi la guerre.
George & Denis de propos en propos
Piquez au vif en vinrent aux gros mots.
Les Saints Anglais ont dans leur caractère
Je ne fçais quoi de fier & d'infulaire.
Mais il eft tems lecteur de m'arrêter.
Il faut fournir une longue carrière.
J'ai peu d'haleine , & je dois vous conter
L'événement de cette grande affaire ;
Dire comment ce nœud fe débrouilla ,

Ce

Ce que fit Jeanne ; & ce qui se paſſa
Dans les Enfers , au Ciel , & ſur la terre.

LIVRE CINQUIEME.

Le Cordelier Grisbourdon qui avait vou-
lu violer Jeanne , eſt en Enfer. Il ra-
conte ſon avanture aux Diables.

O Mes amis , vivons en bons Chrêtiens ,
   C'eſt le parti , croyez-moi qu'il faut prendre;
A ſon devoir il faut enfin ſe rendre.
Dans mon printems j'ai hanté des vauriens ;
A leurs deſirs ils ſe livraient en proye ;
Souvent au bal , jamais dans le Saint Lieu ,
Soupant , couchant chez des filles de joye ,
Et ſe moquant des ſerviteurs de DIEU.
Qu'arrive-t-il ? La mort , la mort fatale
Au nez camart , à la tranchante faulx
Vient viſiter nos diſeurs de bons mots :
La fiévre ardente , à la marche inégale ,
Fille du Stix , huiſſiére d'Atropos ,
Porte le trouble en leurs petits cerveaux :
A leur chevet une garde , un notaire ,
Viennent leur dire : allons il faut partir ;
Où voulez-vous , Monſieur , qu'on vous enterre?
Lors un tardif & faible repentir
Sort à regret de leur mourante bouche.
L'un à ſon aide appelle Saint Martin ,
L'autre Saint Roch , l'autre Sainte mitouche.
On Pſalmodie , on braille du latin ,

On les afperge ; hélas, le tout en vain.
Aux pieds du lit fe tapit le malin,
Ouvrant la griffe, & lorfque l'ame échape
Du corps chétif, au paffage il la hape,
Puis vous la porte au fin fond des Enfers,
Digne féjour de ces efprits pervers.
   Mon cher Lecteur, il eft tems de te dire
Qu'un jour Satan Seigneur du fombre empire
A fes vaffaux donnait un grand régal.
Il était fête au manoir infernal :
On avait fait une énorme recrue,
Et les demons buvaient la bien venue
D'un certain Pape & d'un gros Cardinal,
D'un Roi du Nord, de quatorze chanoines,
De deux Curés, & de quarante moines,
Tous frais venus du féjour des mortels,
Et dévolus aux brafiers éternels.
Le Roi cornu de la huaille noire
Se déridait entouré de fes Pairs.
On s'enivrait du nectar des Enfers,
On frédonnait quelques chanfons à boire,
Lorfqu'à la porte il s'éléve un grand cri :
Ah, bon jour donc, vous voilà, vous voici,
C'eft lui, Meffieurs, c'eft le grand émiffaire,
C'eft Grisbourdon notre féal ami.
Entrez, entrez, & chauffez-vous ici ;
Et bras deffus & bras deffous, beau pére ;
Beau Grisbourdon, Docteur de Lucifer,
Fils de Satan, Apôtre de l'Enfer.
On vous l'embraffe, on le baife, on le ferre ;
On vous le porte en moins d'un tour de main
Toujours baifé vers le lieu du feftin.
   Satan fe leve, & lui dit : fils du Diable,
O des frapards ornement véritable,
Certes fitôt je n'efperais te voir.

Chez

Chez les humains tu m'étais néceffaire.
Qui mieux que toi peuplait notre manoir?
Par toi la France était mon féminaire.
En te voyant je perds tout mon efpoir,
Mais du deftin la volonté foit faite,
Bois avec nous, & prends place à ma droite.
    Le cordelier plein d'une fainte horreur
Baife à genoux l'Ergot de fon Seigneur;
Puis d'un air morne il jette au loin la vûe
Sur cette vafte & brulante étendue,
Séjour de feu qu'habitent pour jamais
L'affreufe mort, les tourments, les forfaits;
Trône éternel où fied l'efprit immonde,
Abîme immenfe où s'engloutit le monde;
Sépulchre où gift la docte antiquité,
Efprit, amour, favoir, grace, beauté,
Et cette foule immortelle, innombrable,
D'enfans du Ciel créés tous pour le Diable.
Tu fais, lecteur, qu'en ces feux dévorants.
Les meilleurs Rois font avec les tyrans.
Nous y plaçons Antonin, Marc-Aurèle,
Ce bon Trajan des Princes le modèle,
Ce doux Titus l'amour de l'Univers,
Les deux Catons ces fléaux des pervers,
Ce Scipion maître de fon courage,
Lui qui vainquit & l'amour & Carthage,
Vous y grillez fage & docte Platon,
Divin Homère, éloquent Cicéron,
Et vous Socrate enfant de la fageffe,
Martir de DIEU dans la profane Gréce,
Jufte Ariftide, & vertueux Solon,
Tous malheureux morts fans confeffion.
    Mais ce qui plus étonna Grisbourdon,
Ce fut de voir en la chaudiére grande
Certains quidams Saints ou Rois, dont le nom

Orne

Orne l'hiftoire & pare la Légende.
Un des premiers était le Roi Clovis.
Je vois d'abord mon lecteur qui s'étonne,
Qu'un fi grand Roi qui tout fon peuple a mis
Dans le chemin du Benoit paradis,
N'ait pu jouir du falut qu'il nous donne.
Ah, qui croirait qu'un premier Roi Chrêtien
Fût en effet damné comme un Payen ?
Mais mon lecteur fe fouviendra très-bien,
Qu'être lavé de cette eau falutaire
Ne fuffit pas, quand le cœur eft gâté.
Or ce Clovis dans le crime empâté
Portait un cœur inhumain, fanguinaire.
Et Saint Remi ne put laver jamais
Ce Roi des Francs cangrené de forfaits.
    Parmi ces grands, ces Souverains du Monde
Enfevelis dans cette nuit profonde,
On difcernait le fameux Conftantin.
Eft-il bien vrai criait avec furprife
Le moine gris ! ô rigueur ! ô deftin !
Quoi, ce Héros fondateur de l'Eglife,
Qui de la terre à chaffé les faux Dieux,
Eft defcendu dans l'Enfer avec eux ?
Lors Conftantin dit ces triftes paroles :
J'ai renverfé le culte des idoles,
Sur les débris de leurs Temples fumants
Au DIEU du Ciel j'ai prodigué l'encens,
Mais tous mes foins pour fa grandeur fuprême,
N'eurent jamais d'autre objet que moi-même.
Les Saints autels n'étaient à mes regards
Qu'un marchepié du Trône des Céfars.
L'ambition, les fureurs, les délices
Etaient mes Dieux, avaient mes facrifices.
L'or des Chrêtiens, leurs intrigues, leur fang
Ont cimenté ma fortune, & mon rang.

Pour

Pour conferver cette grandeur fi chére,
J'ai maffacré mon malheurenx beau-pére.
Dans les plaifirs, & dans le fang plongé,
Faible & barbare en ma fureur jaloufe,
Yvre d'amour, & de foupçons rongé,
Je fit périr mon fils, & mon époufe.
O Grisbourdon ne fois plus étonné,
Si comme toi Conftantin eft damné.
   Le Révérend de plus en plus admire
Tous les fecrets du ténébreux Empire.
Il voit par tout de grands Prédicateurs,
Riches Prélats, Cafuiftes, Docteurs,
Moines d'Efpagne, & nonains d'Italie ;
De tous les Rois il voit les Confeffeurs,
De nos beautés il voit les Directeurs,
Le Paradis ils ont eu dans leur vie.
Ils aperçut dans le fonds d'un dortoir
Certain frocard moitié blanc, moitié noir,
Portant criniére en écuelle arrondie.
Au fier afpect de cet animal pie
Le cordelier riant d'un ris malin
Se dit tout bas, cet homme eft Jacobin.
Quel eft ton nom lui cria-t-il foudain ?
L'ombre répond d'un ton mélancolique ;
Hélas, mon fils, je fuis Saint Dominique.
   A ce difcours, à cet augufte nom
Vous euffiez vu reculer Grisbourdon ;
Il fe fignait, il ne pouvait le croire.
Comment, dit-il, dans la caverne noire
Un fi grand Saint, un Apôtre, un Docteur !
Vous de la foi le facré promoteur,
Homme de Dieu, prêcheur évangelique,
Vous dans l'Enfer ainfi qu'un hérétique !
Certes ici la grace eft en défaut.
Pauvres humains qu'on eft trompé là-haut !

C 3   Et

Et puis allez dans vos cérémonies
De tous les Saints chanter les litanies.
Lors repartit avec un ton dolent
Nôtre Espagnol au manteau noir & blanc :
Ne songeons plus aux vains discours des hommes :
De leurs erreurs qu'importe le fracas ?
Infortunés, tourmentés ou nous sommes,
Loués, fêtés ou nous ne sommes pas :
Tel sur la terre à plus d'une chapelle
Qui dans l'Enfer est cuit bien tristement ;
Et tel au monde on damne impunément
Qui dans les Cieux à la vie éternelle.
Pour moi je suis dans la noire séquelle,
Très justement pour avoir autrefois
Persécuté ces pauvres Albigeois.
Je n'étais pas envoyé pour détruire
Et je suis cuit pour les avoir fait cuire.
Non que je sois condamné sans retour ;
J'éspère encor me trouver quelque jour
Avec les Saints au séjour de la gloire ;
Mais en ces lieux je fais mon purgatoire.
Oh, quand j'aurais une langue de fer
Toujours parlant, je ne pourais suffire,
Mon cher lecteur, à te nombrer & dire,
Combien de Saints on rencontre en Enfer.

Quand des damnés la cohorte rotie
Eut assez fait au fils de Saint François
Tous les honneurs de leur triste patrie,
Chacun cria d'une commune voix,
Cher Grisbourdon, conte-nous, conte, conte
Qui t'a conduit vers une fin si prompte,
Conte-nous donc par quel étonnant cas
Ton ame dure & tombée ici bas.
Messieurs, dit-il, je ne m'en défends pas,
Je vous dirai mon étrange avanture,

Elle

Elle poura vous étonner d'abord,
Mais il ne faut me taxer d'impofture
On ne ment plus fitôt que l'on eft mort.
 J'étais là-haut, comme on fait, vôtre Apôtre,
Et pour l'honneur du froc & pour le vôtre;
Je concluais l'exploit le plus galant
Que jamais moine ait fait hors du couvent.
Mon muletier, ah l'animal infigne!
Ah le grand homme, ah quel rival condigne!
Mon muletier ferme dans fon devoir
De Conculix avait paffé l'efpoir.
J'avais auffi pour ce monftre femelle
Sans vanité prodigué tout mon zèle;
Le Conculix ravi d'un tel effort
Nous laiffait Jeanne en vertu de l'accord.
Jeanne la forte, & Jeanne la rebelle
Perdait bientôt ce grand nom de pucelle,
Entre mes bras elle fe débattait.
Le muletier par deffous la tenait,
Et Conculix de bon cœur ricanait,
Mais croyez-vous ce que je vais vous dire?
L'air s'entrouvrit, & du haut de l'empire
Qu'on nomme Ciel, lieux ou ni vous ni moi
N'irons jamais, & vous favez pourquoi,
Je vis defcendre, ô fatale merveille,
Cet animal qui porte longue oreille,
Et qui jadis à Balaam parla
Quand Balaam fur la montagne alla,
Quel terrible âne! il portait une felle
D'un beau velours, & fur l'arçon d'icelle
Etait un fabre à deux larges tranchants:
De chaque épaule il lui fortait une aile
Dont il volait, & dévançait les vents.
A haute voix alors s'écria Jeanne,
DIEU foit loué, voici venir mon âne.

A ce discours je fut transi d'effroi :
L'âne à l'instant les quatre genoux plie,
Leve la queue & sa tête polie,
Comme disant a Dunois monte-moi.
Dunois le monte, & l'animal s'envole
Sur notre tête & passe, & caracolle.
Dunois planant le cimeterre en main
Sur moi chétif fondit d'un vol soudain.
Mon cher Satan, mon Seigneur Souverain,
Ainsi, dit-on, lorsque tu fis la guerre
Imprudemment au Maître du tonnerre
Tu vis sur toi s'élancer Saint Michel,
Vangeur fatal des injures du Ciel.
    Réduit alors à défendre ma vie,
J'eu mon recours à la sorcellerie,
Je dépouillai d'un nerveux Cordelier
Le sourcil noir & le visage altier.
Je pris la mine & la forme charmante
D'une beauté douce, fraiche, innocente ;
De blonds cheveux se jouaient sur mon sein.
De gaze fine une étoffe brillante
Fit entrevoir une gorge naissante.
J'avais tout l'art du sexe féminin,
Je composais mes yeux & mon visage,
On y voyait cette naïveté
Qui toujours trompe & qui toujours engage.
Sous ce vernis un air de volupté
Eut des humains rendu fou le plus sage.
J'eusse amolli le cœur le plus sauvage ;
Car j'avais tout, artifice & beauté.
Mon paladin en parut enchanté.
J'allais périr, ce héros invincible
Avait levé son braquemart terrible ;
Son bras était à demi descendu,
Et Grisbourdon se croyait pourfendu.

Du-

Dunois regarde, il s'emeut, il s'arrête.
Qui de Méduse eût vu jadis la tête,
Etait en roc mué soudainement:
Le beau Dunois changea bien autrement.
Il avait l'âme avec les yeux frappée;
Je vis tomber sa redoutable épée.
Je vis Dunois sentir a mon aspect
Beaucoup d'amour & beaucoup de respect.
Qui n'aurait cru que j'eusse eu la victoire?
Mais voici bien le pis de mon histoire.
　Le muletier qui pressait dans ses bras
De Jeanne d'Arc les robustes apas,
En me voyant si gentille & si belle,
Brula soudain d'une flamme nouvelle.
Helas mon cœur ne le soupçonnait pas;
De convoiter des charmes délicats.
Un cœur grossier connaître l'inconstance t
Il lâcha prise, & j'eus la préférence.
Il quitte Jeanne, ah funeste beauté!
A peine Jeanne est elle en liberté,
Qu'elle aperçut le brillant cimeterre
Qu'avait Dunois laisse tomber par terre.
Du fer tranchant sa dextre se saisit
Et dans l'instant que le rustre infidèle
Quittait pour moi la superbe pucelle,
Par le Chignon Jeanne d'Arc m'abattit;
Et d'un revers la nuque me fendit.
Depuis ce tems je n'ai nulle nouvelle,
Du muletier, de Jeanne la cruelle
De Conculix, de l'âne, de Dunois.
Puissent-ils tous être empalés cent fois;
Et que le Ciel qui confond les coupables,
Pour mon plaisir les donne à tous les Diables.
Ainsi parlait le moine avec aigreur,
Et tout l'Enfer en rit d'assez bon cœur.

C 5　　　　　　LI-

LIVRE SIXIEME.

Avanture d'Agnès & de Monrofe, Temple de la Renommée. Avanture de Dorothée.

Quittons l'Enfer, quittons ce gouffre immonde,
Où Grisbourdon brule avec Lucifer :
Dreffons mon vol aux campagnes de l'air ;
Et revoyons ce qui fe paffe au Monde.
Ce Monde hélas eft bien un autre Enfer.
Je vois partout l'innocence profcrite,
L'homme de bien flétri par l'hypocrite,
L'efprit, le gout, les beaux arts éperdus,
Sont envolés ainfi que les vertus.
Une rempante & lache politique
Tient lieu de tout, eft le mérite unique
Le zèle affreux des dangereux Dévots
Contre le fage arme la main des fots.
Et l'intérêt ce vil Roi de la terre,
Pour qui l'on fait & la paix & la guerre
Trifte & penfif auprès d'un coffre fort,
Vend le plus faible aux crimes du plus fort
Chetifs mortels infenfez & coupables,
De tant d'horreurs à quoi bon vous noircir !
Ah malheureux qui péchés fans plaifir,
Dans vos erreurs foyez plus raifonnables ;
Soyez au moins des pécheurs fortunez ;
Et puifqu'il faut que vous foyez damnez ;
Damnez vous donc pour des fautes aimables.
   Agnès Sorel fut en ufer ainfi.
On ne lui peut reprocher dans fa vie

Que les douceurs d'une tendre folie.
Je lui pardonne & je pense qu'aussi
DIEU tout Clément aura pris pitié d'elle :
En Paradis tout Saint n'est pas pucelle.

   Quand Jeanne d'Arc deffendait son honneur
Et que du fil de sa céleste épée
De Grisbourdon la tête fut coupée,
Nôtre Ane ailé qui dessus son harnois
Portait en l'air le Chevalier Dunois,
Conçut alors le caprice profâne
De l'éloigner & de l'oter à Jeanne.
Quelle raison en avait-il ? l'amour ;
Le tendre amour & la naissante envie
Dont en secret son ame était saisie.
L'ami Lecteur aprendra quelque jour
Quel trait de flamme & quelle idée hardie
Pressait déja ce Héros d'Arcadie.
Il prend son vol & Dunois stupéfait
A tire d'aile est parti comme un trait.
Il regardait de loin son Héroïne
Qui toute nuë & le fer à la main,
Le cœur ému d'une fureur divine
Rouge de sang se frayait un chemin.
Le Conculix veut l'arrêter en vain ;
Ses farfadets, son peuple Aërien,
En cent façons volent sur son passage.
Jeanne s'en mocque & passe avec courage.
Lors qu'en un bois quelque jeune imprudent
Voit une ruche ; & s'aprochant admire
L'Art étonnant de ce Palais de cire ;
De toute parts un essain bourdonnant
Sur mon badaut s'en vient fondre avec rage,
Un peuple ailé lui couvre le visage :
L'homme piqué court à tort à travers,
De ses deux mains il frape il se démène

C 6   diffi-

Diſſipe, tuë, écraſe par centaine
Cette canaille habitante des airs.
C'était ainſi que la pucelle fiére
Chaſſait au loin cette foule legére.
  A ſes genoux le chetif muletier
Craignant pour ſoi le ſort du Cordelier,
Tremble & s'écrie, ô pucelle, ô ma mie
Dans l'écurie autrefois tant ſervie.
Quelle furie! épargne au moins ma vie
Que les honneurs ne changent point tes mœurs.
Tu vois mes pleurs, ah Jeanne je me meurs.
Jeanne répond, faquin je te fais grace,
Dans ton vil ſang de fange tout chargé
Ce fer Divin ne ſera point plongé.
Vegête encor, & que ta lourde maſſe
Ait à l'inſtant l'honneur de me porter :
Je ne te puis en mulet tranſlater ;
Mais ne m'inporte ici de ta figure,
Homme ou mulet tu ſeras ma monture.
Dunois m'a prit l'âne qui fut pour moi,
Et je prétends le retrouver en toi ;
Ça qu'on ſe courbe, elle dit, & la bête
Baiſſe à l'inſtant ſa chauve & lourde tête,
Marche des mains, & Jeanne ſur ſon dos
Va dans les champs affronter les Héros.
Pour Conculix honteux plein de colère,
Il s'en alla murmurer chez ſon Pére.
Mais que devint la belle Agnès Sorel?
  Vous ſouvient il de ſon trouble cruel,
Comme elle fut interdite, éperduë,
Quand Jean Chandos l'embraſſait toute nuë.
Ce Jean Chandos s'élança de ſes bras,
Très bruſquement & courut au combats.
La belle Agnès crut ſortir d'embarras,
De ſon danger encor toute ſurpriſe

                      Elle

Elle jurait de n'être jamais prise
A l'avenir en un semblable cas.
Au bon Roi Charle elle jurait tout bas
D'aimer toujours ce Roi qui n'aime qu'elle ;
De respecter ce tendre & doux lien ,
Et de mourir plutot qu'être infidèle.
Mais il ne faut jamais jurer de rien.
    Dans ce fracas, dans ce trouble effroiable
D'un camp surpris tumulte inséparable.
Quand chacun court, Officier & soldat,
Que l'un s'enfuit, & que l'autre combat,
Que les valets, fripons suivant l'armée,
Pillent le camp de peur des ennemis :
Parmi les cris la poudre & la fumée ,
La belle Agnès se voyant sans habits
Du grand Chandos entre en la garderobe ;
Puis avisant chemise, mule, robe,
Saisit le tout en tremblant & sans bruit,
Même elle prend jusqu'au bonnet de nuit.
Tout vint à point ; car de bonne fortune
Elle aperçut une Jument bai brune
Bride à la bouche & selle sur le dos ,
Que l'on devait amener à Chandos.
Un Ecuyer, vieil ivrogne intrépide
Tout en dormant la tenait par la bride.
L'adroite Agnès s'en va subtilement
Oter la bride à l'Ecuyer dormant ;
Puis se servant de certaine escabelle ;
Y pose un pied, monte, se met en selle ,
Pique, & s'en va, croyant gagner les bois ;
Pleine de crainte & de joye à la fois.
L'ami Bonneau court à pied dans la plaine
En maudissant sa pesante bedaine,
Ce beau voyage & la guerre & la Cour
Et les Anglais & Sorel & l'amour.

Or ,

Or, de Chandos le très-fidèle page
(Monrofe était le nom du perfonnage,)
Qui revenait ce matin d'un meffage,
Voyant de loin tout ce qui fe paffait,
Cette Jument qui vers les bois courait,
Et de Chandos la robe & le bonnet;
Dévinant mal ce que ce pouvait être,
Crut fermement que c'était fon cher Maître,
Qui loin du camp demi nû s'enfuiait.
Epouvanté de l'étrange avanture
D'un coup de fouët il hâte fa monture,
Galoppe & crie, ah mon Maître, ah Seigneur
Vous pourfuit on ; Charlot eft-il vainqueur?
Où courez vous? Je vais par tout vous fuivre :
Si vous mourez je cefferai de vivre ;
Il dit & vole & le vent emportait
Lui, fon cheval & tout ce qu'il difait.

La belle Agnès qui fe croit pourfuivie
Court dans le bois au péril de fa vie ;
Le page y vole, & plus elle s'enfuit ,
Plus nôtre Anglais avec ardeur la fuit.
La jument bronche & la belle éperdue
Jettant un cri dont retentit la nuë
Tombe à coté, fur la terre étendue.
Le page arrive auffi promt que les vents,
Mais il perdit l'ufage de fes fens ,
Quand cette robe ouverte & voltigeante
Lui découvrit une beauté touchante,
Un fein d'albâtre & les charmans tréfors
Dont la nature enrichiffait fon corps.
Bel Adonis, telle fut ta furprife,
Quand la maîtreffe & de Mars & d'Anchife
Du haut des Cieux, le foir au coin d'un bois,
S'offrit à toi pour la premiére fois.
Vénus fans doute avait plus de parure ;

Une

Une jument n'avait point renverſé
Son corps Divin de fatigue haraſſé
Bonnet de nuit n'était point ſa coëffure.
Son cu d'ivoire était ſans meurtriſſure.
Mais Adonis à ces attraits tout nus.
Balancerait entre Agnès & Vénus.
    Le jeune Anglais ſe ſentit l'ame atteinte
D'un feu mêlé de reſpect & de crainte;
Il prend Agnès & l'embraſſe en tremblant,
Héla, dit-il ſeriez vous point bleſſée!
Agnès ſur lui tourne un œuil languiſſant,
Et d'une voix timide, embarraſſée
En ſoupirant elle lui parle ainſi;
Qui que tu ſois qui me pourſuis ici,
Si tu n'as point un cœur né pour le crime;
N'abuſe point du malheur qui m'oprime,
Jeune étranger conſerve mon honneur,
Sois mon apui, ſois mon Libérateur.
Elle ne put en dire davantage:
Elle pleura, détourna ſon viſage,
Triſte confuſe, & tout bas promettant
D'être fidèle au bon Roi ſon amant.
Monroſe ému, fut un tems en ſilence;
Puis il lui dit d'un ton tendre & touchant,
O de ce monde adorable ornement
Que ſur les cœurs vous avez de puiſſance!
Je ſuis à vous: comptez ſur mon ſecours
Vous diſpoſez de mon cœur, de mes jours.
De tout mon ſang; ayez tant d'indulgence
Que d'accepter que j'oſe vous ſervir:
Je n'en veux point une autre recompenſe:
C'eſt être heureux que de vous ſécourir.
Il tire alors un flacon d'eau des Carmes,
Sa main timide en arroſe ſes charmes,
Et les endroits de roſes & de lys,

Qu'a

Qu'avaient la felle & la chûte meurtris.
La belle Agnès rougiffait fans colère,
Ne trouvait point fa main trop téméraire;
Et le lorgnait fans bien favoir pourquoi;
Jurant toujours d'être fidèle au Roi.
Le Page ayant employé fa bouteille;
Rare beauté dit-il je vous confeille,
De cheminer jufqu'en un bourg voifin:
Nous marcherons par ce petit chemin.
Dedans ce bourg nul foldat ne demeure:
Nous y ferons avant qu'il foit une heure.
J'ai de l'argent, & l'on vous trouvera
Et coeffe & jupe & tout ce qu'il faudra
Pour habiller avec plus de décence
Une beauté digne d'un Roi de France.
　La Dame errante aprouva fon avis;
Monrofe était fi tendre & fi foumis;
Etait fi beau, favait à tel point vivre,
Qu'on ne pouvait s'empêcher de le fuivre.
　Quelque Cenfeur, interrompant le fil
De mon difcours, dira, mais fe peut-il
Qu'un étourdi, qu'un jeune Anglais, qu'un Page
Fut près d'Agnès refpectueux & fage;
Qu'il ne prit point la moindre liberté?
Ah laiffez là vos cenfures rigides;
Ce page aimait, & fi la volupté
Nous rend hardis, l'amour nous rend timides
　Agnès & lui marchaient donc vers ce bourg;
S'entretenant de beaux propos d'amour,
D'exploits de guerre & de Chevalerie,
De contes vieux & de galanterie.
Nôtre Ecuyer de cent pas en cent pas
S'aprochait d'elle & baifait fes beaux bras;
Le tout d'un air refpectueux & tendre;
La belle Agnès ne favait s'en défendre.

Mais

Mais rien de plus ; ce jeune homme de bien
Voulait beaucoup & ne demandait rien.
Dedans le bourg ils font entrés à peine ;
Dans un logis fon Ecuyer la méne
Bien fatiguée ; Agnès entre deux draps
Modeſtement repofe fes apas ;
Monrofe court ; & va tout hors d'haleine
Chercher partout pour dignement fervir
Alimenter, chauffer, coëffer, vêtir
Cette beauté déjà fa Souveraine.
O jeune enfant dont l'amour & l'honneur
Ont pris plaifir à diriger le cœur ;
Ou font les gens dont la fageffe égale
Les procédés de ton ame loïale ?
   Dans ce logis (Ciel que vai-je avoüer)
De Jean Chandos logeait un Aumonier.
Tout Aumonier eſt plus hardi qu'un Page.
Le fcélerat informé du voyage
Du beau Monrofe & de la belle Agnès,
Et trop inſtruit que dans fon voifinage
A quatre pas repofaient tant d'attraits ;
Preffé foudain de fon défir infâme,
Les yeux ardens le fang rempli de flâmme,
Le corps en rut, de luxure énivré,
Entre en jurant comme un défefpéré,
Ferme la porte, & les deux rideaux tire.
Mais cher lecteur il convient de te dire
Ce que faifait en ce même moment
Le grand Dunois fur fon âne vôlant.
   Au haut des airs ou les Alpes chenuës
Portent leur tête & divifent les nuës,
Vers ce rocher fendu par Annibal
Fameux paffage aux Romains fi fatal,
Qui voit le Ciel s'arondir fur fa tête
Et fous fes pieds fe former la tempête,

Eſt

Eſt un Palais de marbre tranſparent,
Sans toit ni porte, ouvert à tous venant.
Tous les dedans ſont des glaces fidèles;
Si que chacun qui paſſe devant elles
Ou belle ou laide, ou jeune homme ou barbon,
Peut ſe mirer tant qu'il lui ſemble bon.

Mille chemins ménent devers l'empire
De ces beaux lieux ou ſi bien l'on ſe mire:
Mais ces chemins ſont tous bien dangereux.
Il faut franchir des abimes affreux.
Tel bien ſouvent ſur ce nouvel olympe
Eſt arrivé ſans trop ſavoir par où;
Chacun y court, & tandis que l'un grimpe.
Il en eſt cent qui ſe caſſent le cou.

De ce Palais la ſuperbe maitreſſe
Eſt cette vieille & bavarde Déeſſe,
La Renommée, à qui dans tous les tems
La plus modeſte a donné quelque encens.
Le Sage dit que ſon cœur la mépriſe,
Qu'il ait l'éclat qui lui donne un grand nom;
Que la louange eſt pour l'ame un poiſon.
Le Sage ment, & dit une ſottiſe.

La Renommée eſt donc en ces hauts lieux,
Les courtiſans dont elle eſt entourée,
Princes, pédants, guerriers, religieux,
Cohorte vaine, & de vent énivrée,
Vont tous prians, & crians à genoux:
O Renommée ô puiſſante Déeſſe
Qui ſavez tout & qui parlez ſans ceſſe,
Par charité parlez un peu de nous.
Pour contenter leur ardeur indiſcrètes
La Renommée à toujours deux trompettes:
L'une à ſa bouche apliquée à propos
Va célébrant les exploits des Héros.
L'autre eſt au cu; puiſqu'il faut vous le dire

C'eſt

C'eſt celle-là qui ſert à nous inſtruire,
De ce fatras de volumes nouveaux,
Productions de plumes mercenaires,
Et du Parnaſſe inſectes éphémères,
Qui l'un par l'autre écliſpés tour à tour
Faits en un mois, périſſent en un jour;
Enſevelis dans le fonds des Collèges;
Rongez des vers, eux & leurs privilèges.
    Gentil Dunois ſur ton ânon monté
En ce beau lieu tu te vis tranſporté.
Ton nom fameux qu'avec juſtice on fête,
Etait corné par la trompette honnête.
Tu regardas ces miroirs ſi polis.
O quelle joye enchantait tes eſprits!
Car tu voyais dans ces glaces brillantes
De tes vertus les peintures vivantes;
Non ſeulement des Sjéges des combats,
Et ces exploits qui font tant de fracas:
Mais des vertus encor plus difficiles,
Des malheureux de tes bienfaits chargés
Te béniſſants au ſein de leurs aziles,
Des gens de bien à la Cour protégés,
Des orphelins de leurs tuteurs vangés.
Dunois ainſi contemplant ſon hiſtoire
Se complaiſait à jouir de ſa gloire.
Son Ane auſſi s'amuſait à ſe voir
Se pavanant de miroir en miroir;
On entendit deſſus ces entrefaittes,
Sonner en l'air une des deux trompettes
Elle diſait *voici l'horible jour*
Ou dans Milan la ſentence eſt dictée
On va bruler la belle Dorothée
Pleurez mortels qui connaiſſez l'amour.
Qui; dit Dunois? qu'elle eſt donc cette belle?
Qu'a-t-elle fait? pourquoi la brule-t-on?

Paſſe

Paſſe après tout ſi c'eſt une Laidron ,
Mais dans le feu mettre un jeune tendron ;
Par tous les Saints c'eſt choſe trop cruelle.
Comme il parlait, la trompette reprit
O Dorothée , ô pauvre Dorothée.
En feu cuiſant tu vas être jettée.
Si la valeur d'un chevalier loial
Ne te reçount de ce braſier fatal.
   A cet avis Dunois ſentit dans l'ame
Un promt déſir de ſécourir la Dame.
Car vous ſavez que ſitot qu'il s'offrait
Occaſion de marquer ſon courage ,
Venger un tort, redreſſer quelque outrage ;
Sans raiſonner ce Héros y courait.
Allons dit-il à ſon âne fidèle ,
Vole à Milan, vole ou l'honneur t'apelle.
L'Ane auſſi-tôt les deux aîles étend
Un Chérubin va moins rapidement.
On voit déja la ville ou la juſtice,
Arrangeait tous pour cet affreux ſuplice.
Dans la grand place on éléve un bucher ;
Trois cent archers , gens cruels & timides ;
Du mal d'autrui monſtres toujours avides,
Rangent le peuple , empêchent d'aprocher.
On voit partout le beau monde aux fenêtres ,
Attendant l'heure , & déjà larmoiant :
Sur un Balcon l'Archevêque & ſes prêtres
Obſervent tout d'un œil ferme & content,
   Quatre Alguazils amenent Dorothée
Nuë en chemiſe , & de fers garotée ;
Le juſte excès de ſon affliction
Le deſeſpoir & la confuſion
Devant ſes yeux répandent un nuage.
Des pleurs amers inondent ſon viſage ;
Elle entrevoit d'un œuil mal aſſuré

L'af-

L'affreux poteau pour ſa mort préparé,
Et ſes ſanglots ſe faiſant un paſſage,
O mon amant ô toi qui dans mon cœur
Regnes encor en ces momens d'horreur.
Elle ne put en dire d'avantage.
Et béguaiant le nom de ſon amant
Elle tomba ſans voix, ſans ſentiment:
Le front jauni d'une paleur mortelle:
Dans cet état elle était encor belle.
    Un ſcélerat nommé Sacrogorgon,
De l'Archevêque infame champion,
La dague au poing vers le bucher s'avance,
Le chef armé de fer & d'impudence;
Et dit tout haut Meſſieurs je jure DIEU,
Que Dorothée à mérité le feu.
Eſt-il quelqu'un qui prenne ſa querelle?
Eſt-il quelqu'un qui combatte pour elle?
S'il en eſt un que cet audacieux,
Oſe à l'inſtant ſe montrer à mes yeux;
Voici dequoi lui fendre la cervelle.
Diſant ces mots il marche fierement,
Branlant en l'air un braquemart tranchant
Roulant ſes yeux, tordant ſa laide bouche.
On fremiſſait à ſon aſpect farouche;
Et dans la ville il n'était Ecuyer
Qui Dorothée oſat juſtifier.
Sacrogorgon venait de les confondre:
Chacun pleurait & nul n'oſait répondre.
    Le fier Prélat du haut de ſon balcon
Encourageait le brutal champion.
    Le beau Dunois qui planait ſur la place,
Fut ſi choqué de l'inſolente audace
De ce pervers; & Dorothée en pleurs
Etait ſi belle au ſein de tant d'horreurs;
Son déſeſpoir la rendait ſi touchante,

                                    Qu'en

Qu'en la voiant il la crut innocente.
Il faute à terre, & d'un ton élevé,
C'eft moi dit-il, face de reprouvé,
Qui viens ici montrer par mon courage,
Que Dorothée eft vertueufe & fage
Et que tu n'eft qu'un fanfaron brutal
Suppot du crime, & menteur déloial.
Je veux d'abord favoir de Dorothée
Quelle noirceur lui peut être imputée,
Quel eft fon cas & par quel guet-à-pen
On fait brûler les belles à Milan ;
Il dit ; le peuple à la furprife en proie
Pouffa des cris d'efpérance & de joie.
Sacrogorgon qui fe mourait de peur,
Fit comme il put, femblant d'avoir du cœur.
Le fier Prélat fous fa mine hypocrite
Ne put cacher le trouble qui l'agite.
    A Dorothée alors le beau Dunois
S'en vint parler d'un air humble & courtois ;
Et cependant que la belle lui conte
En foupirant fon malheur & fa honte,
L'âne Divin fur l'Eglife perché
De tout ce cas paraiffait fort touché.
Et de Milan les dévotes familles
Beniffaient DIEU qui prend pitié des filles.

LIVRE SEPTIEME.

Comment Dunois sauva Dorothée condam-
née à la mort par l'Inquisition.

Lorsqu'autrefois, au printems de mes jours,
Je fus quitté par ma belle maîtresse,
Mon tendre cœur fut navré de tristesse,
Je détestai l'empire des amours;
Mais d'offenser par le moindre discours,
Cette beauté que j'avais encensée,
De son bonheur oser troubler le cours,
Un tel forfait n'entra dans ma pensée.
Gêner un cœur ce n'est pas ma façon.
Que si je traite ainsi les infidèles,
Vous comprenez à plus forte raison,
Que je respecte encor plus les cruelles.
Il est affreux d'aller persécuter
Un jeune cœur que l'on n'a pu dompter.
Si la maîtresse objet de votre hommage
Ne peut pour vous des mêmes feux brûler,
Cherchez ailleurs un plus doux esclavage.
On trouve assez dequoi se consoler.
Ou bien buvés. C'est un parti fort sage.
Et plut à Dieu qu'en un cas tout pareil
Ce fier Prélat qu'amour rendit barbare,
Cet opresseur d'une beauté si rare,
Se fut servi d'un aussi bon conseil.
   Déja Dunois à la belle affligée
Avait rendu le courage & l'espoir.
Mais avant tout il convenait savoir;
Les attentats dont elle était chargée.

O

O vous, dit-elle en baiffant, fes beaux yeux,
Ange divin qui defcendez des Cieux,
Vous qui venez prendre ici ma défenfe ;
Vous favez bien quelle eft mon innocence.
Dunois reprit, je ne fuis qu'un mortel.
Je fuis venu par une étrange allure,
Pour vous fauver d'un trépas fi cruel.
Nul dans les cœurs ne lit que l'Eternel.
Je croi vôtre ame & vertueufe & pure ;
Mais dites moi pour DIEU vôtre avanture.
 Lors Dorothée en effuiant les pleurs
Dont le torrent fon beau vifage mouille
Dit ; l'amour feul a fait tous mes malheurs.
Connaiffez vous Monfieur de la Trimouille ?
 Ouï, dit Dunois, c'eft mon meilleur ami,
Peu de héros ont une ame auffi belle ;
Mon Roi n'a point de guerrier plus fidèle ;
L'Anglais n'a point de plus fier ennemi.
Nul Cavalier n'eft plus digne qu'on l'aime.
Il eft trop vrai, dit elle, c'eft lui-même.
Il ne s'eft pas écoulé plus d'un an,
Depuis le jour qu'il a quitté Milan.
C'eft en ces lieux qu'il m'avait adorée.
Il le jurait, & j'ofe être affurée,
Que fon grand cœur eft toujours enflammé,
Qu'il m'aime encor ; car il eft trop aimé.
 Ne doutez point, dit Dunois ; de fon ame ;
Vôtre beauté vous répond de fa flamme :
Je le connais, il eft ainfi que moi
A fes amours fidèle comme au Roi.
L'autre reprit, ah Monfieur je vous croi.
O jour heureux où je le vis paraître,
Où des mortels il était à mes yeux
Le plus aimable & le plus vertueux,
Où de mon cœur il fe rendit le maître.

Je

Je l'adorais avant que ma raison
Eut pu favoir si je l'aimais ou non.
    Ce fut Monsieur, ô moment delectable!
Chez l'Archevêque ou nous étions à table,
Que ce héros plein de sa passion
Me fit, me fit sa déclaration.
Ah j'en perdis la parole & la vue.
Mon sang brula d'une ardeur inconnue:
Du tendre amour j'ignorais le danger,
Et de plaisir je ne pouvais manger.
Le lendemain il me rendit visite.
Elle fut courte, il prit congé trop vite:
Quand il partit, mon cœur le rapelait,
Mon tendre cœur après lui s'envolait
Le lendemain il eut un tête à tête,
Un peu plus long, mais non pas moins honnête.
Le lendemain il en reçut le prix,
Par deux baisers sur mes lèvres ravis.
Le lendemain il osa davantage,
Il me promit la foi de mariage.
Le lendemain il fut entreprenant.
Le lendemain il me fit un Enfant.
Que dis-je hélas? faut-il que je raconte
De point en point mes malheurs & ma honte,
Sans que je sache, ô digne chevalier!
A quel Héros j'osé me confier:
    Lors le Héros par pure obéissance
Dit sans vanter ses faits ni sa naissance;
Je suis *Dunois.* C'était en dire assez.
DIEU reprit-elle, ô DIEU qui m'exaucez,
Quoi ta bonté fait voler à mon aide
Ce grand *Dunois,* ce bras à qui tout céde!
Gentil guerrier, noble fils de l'amour.
Eh, quoi, c'est vous, vous l'espoir de la France
Qui me sauvez & l'honneur & le jour!
                    D   Vôtre

Vôtre nom feul accroît ma confiance ;
Vous faurez donc brave & gentil Dunois,
Que mon amant au bout de quelques mois
Fut obligé de partir pour la guerre,
Guerre funefte & maudite Angleterre !
Il écouta la voix de fon devoir.
Mon tendre amour était au défefpoir.
Un tel état vous eft connu fans doute;
Et vous favez Monfieur ce qu'il en coute :
Ce fier devoir fait feul tous nos malheurs ;
Je l'éprouvais en répandant des pleurs ;
Mon cœur était forcé de fe contraindre ;
Et je mourais, mais fans pouvoir m'en plaindre.
Il me donna le préfent amoureux,
D'un bracelet fait de fes blonds cheveux ;
Et fon portrait qui trompant fon abfence
M'a fait cent fois retrouver fa préfence.
Un tendre écrit furtout il me laiffa,
Que de fa main le ferme amour traça :
C'était Monfieur une jufte promeffe
Un cher garant de fa feinte tendreffe :
On y lifait ; *Je jure par l'amour,*
Par les plaifirs de mon ame enchantée
De revenir bientôt en cette Cour
Pour époufer ma chére Dorothée.
 Las ! il partit, il porta fa valeur
Dans Orléans. Peut-être il eft encore
Dans ces remparts, ou l'appela l'honneur.
S'il y favait quels maux & quelle horreur
Sont loin de lui le prix de mon ardeur !
Non, jufte Ciel il vaut mieux qu'il l'ignore.
 Il partit donc ; & moi je m'en allai
Loin des foupçons d'une ville indifcrête
Chercher aux champs une fombre retraite,
Conforme aux foins de mon cœur défolé.

Mes

Mes parents morts, libre dans ma tristesse
Cachée au monde & fuïant tout les yeux
Dans le secret le plus mysterieux
J'ensévélis mes pleurs & ma grossesse.
Mais par malheur hélas je suis la niéce
De l'Archevêque! à ces funestes mots
Elle sentit redoubler ses sanglots.
  Puis vers le Ciel tournant ses yeux en larmes
J'avais dit-elle en secret mis au jour;
Ce tendre fruit de mon furtif amour;
Avec mon fils consolant mes allarmes,
De mon amant j'attendais le retour.
A l'Archevêque il prit en fantaisie
De venir voir quelle espèce de vie
Menait sa niéce au fond de ces forêts.
Pour ma campagne il quitta son palais.
Il fut touché de mes faibles attraits.
Cette beauté, présent cher & funeste
Ce don fatal qu'aujourdhui je deteste,
Perça son cœur des plus dangereux traits.
Il s'expliqua : Ciel que je fus surprise!
Je lui parlai des devoirs de son rang,
De son état, des nœuds sacrés du sang.
Je remontrai l'horreur de l'entreprise;
Elle outrageait la nature & l'Eglise.
Hélas! j'eus beau lui parler de devoir;
Il s'entêta d'un chimérique espoir.
Il se flatait que mon cœur indocile,
D'aucun objet ne s'était prévenu;
Qu'enfin l'amour ne m'était point connu;
Que son triomphe en serait plus facile;
Il m'accablait de ses soins fatigans,
De ses désirs rebutez & pressans.
  Hélas, un jour que toute à ma tristesse
Je relisais cette douce promesse,
D 2

Que

Que de mes pleurs je mouillais cet écrit:
Mon cruel oncle en lifant me furprit.
Il fe faifit d'une main ennemie,
De ce papier qui contenait ma vie.
Il lut, il vit dans cet écrit fatal,
Tous mes fecrets, ma flamme & fon rival.
Son ame alors jaloufe & forcenée
A fes défirs fut plus abandonnée.
Toujours alerte & toujours m'epiant,
Il fut bientôt que j'avais un Enfant.
Sans doute un autre en eut perdu courage
Mais l'Archevêque en devint plus ardent ;
Et fe fentant fur moi cet avantage,
Ah me dit il n'eft ce dont qu'avec moi
Que vous aurez la fureur d'être fage,
Et vos faveurs feront le feul partage
De l'étourdi qui ravit vôtre foi ?
Ofez-vous bien me faire réfiftance ?
Y penfez vous ? vous ne méritez pas
Le fol amour que j'ai pour vos apas:
Cedez fur l'heure ou craignez ma veangance.
Je me jettai tremblante à fes genoux:
J'atteftai, DIEU : je repandis des larmes.
Lui furieux d'amour & de couroux
En cet état me trouva plus de charmes.
Il me renverfe, & va me violer.
A mon fécours il falut apeller.
Tout fon amour foudain fe tourne en rage.
D'un Oncle ô Ciel fouffrir un tel outrage ?
De coups affreux il meurtrit mon vifage.
On vient au bruit ; l'Archevêque à l'inftant
Joint à fon crime un crime encor plus grand.
Chrêtiens, dit-il ma niéce eft une impie ;
Je l'abandonne & je l'excommunie:
Un hérétique, un damné fuborneur

Publi-

Publiquement a fait son deshonneur :
L'enfant qu'ils ont est un fruit d'adultère.
Que DIEU confonde & le fils & la mère ;
Et puisqu'ils ont ma malediction
Qu'ils soient livrés à l'Inquisition.
   Il ne fit point une menace vaine.
Et dans Milan le traître arrive à peine,
Qu'il fait agir le grand Inquisiteur.
On me saisit, prisonniére, on m'entraine
Dans des cachots où le pain de douleur
Etait ma seule & triste nourriture :
Lieux souterrains, lieux d'une nuit obscure,
Séjours de mort & tombeau des vivans.
Après trois jours on me rend la lumiére,
Mais pour la perdre au milieu des tourmens ;
Vous les voyez ces brasiers dévorans.
C'est-là qu'il faut expirer à vingt ans.
Voilà mon lit à mon heure derniére.
C'est-là, c'est-là, sans vôtre bras vangeur ;
Qu'on m'arrachait la vie avec l'honneur.
Plus d'un guerrier aurait selon l'usage
Pris ma défense & pour moi combattu ;
Mais l'Archevêque enchaine leur vertu.
Contre l'Eglise ils n'ont point de courage :
Qu'attendre hélas d'un cœur Italien ?
Ils tremblent tous a l'aspect d'une Etole :
Mais un Français n'est alarmé de rien :
Et braverait le Pape au Capitole.
   A ces propos Dunois piqué d'honneur
Plein de pitié pour la belle accusée,
Plein de courroux pour son persécuteur,
Brulait déja d'exercer sa valeur ;
Et se flatait d'une victoire aisée
Bien surpris fut de se voir entouré
De cent archers dont la cohorte fiére ;

Etaient

Etaient venus l'inveſtir par derriére.
Un cuiſtre en robe avec bonnet carré,
Criait d'un ton de vrai *miſerèrè*
,, On fait ſavoir de par la Sainte Egliſe
,, Par mon Seigneur pour la gloire de DIEU
,; A tous Chrêtiens que le Ciel favoriſe,
,, Que nous venous de condamner au feu
,, Cet étranger, ce champion profane
,, De Dorothée infame. Chevalier
,, Comme infidèle, hérétique & ſorcier:
,, Qu'il ſoit brulé ſur l'heure avec ſon âne.
  Cruel Prélat, Buſiris en ſoutane,
C'était perfide un tour de ton mêtier.
Tu redoutais le bras de ce guerrier.
Tu t'entendais avec le Saint Office,
Pour oprimer ſous le nom de juſtice.
Quiconque eut pu lever le voile affreux
Dont tu cachais ton crime à tous les yeux.
  Tout auſſi-tôt l'aſſaſſine cohorte
Du Saint Office abominable eſcorte
Pour ſe ſaiſir du ſuperbe Dunois,
Deux pas avance & en recule trois;
Puis marche encor, puis ſe ſigne & s'arrête.
Sacrogorgon qui tremblait à leur tête,
Leur crie, allons il faut vaincre ou périr;
De ce ſorcier tachons de nous ſaiſir.
Au milieu d'eux les Diacres de la ville,
Les Sacriſtains arrivent à la file :
L'un tient un pot & l'autre un goupillon
Ils font leur ronde; & de leur eau ſalée
Benoitement aſpergent l'aſſemblée.
On Exorciſe on maudit le Démon;
Et le Prélat toujours l'ame troublée
Donne partout la bénédiction.
Le grand Dunois non ſans émotion

Voit

Voit qu'on le prend pour envoyé du Diable :
Lors faififfant de fon bras redoutable,
Sa grande épée, & de l'autre montrant
Un chapelet Catholique inftrument
De fon falut cher & facré garant ;
Allons, dit-il, venez à moi mon âne.
   L'âne defcend, Dunois monte & foudain
Il va frapant en moins d'un tour de main
De ces croquants la cohorte profane.
Il perce à l'un le fternum & le bras ;
Il atteint l'autre, à l'os qu'on nomme atlas ;
Qui voit tomber fon nez & fa machoire,
Qui fon oreille & qui fon humerus ;
Qui pour jamais s'en va dans la nuit noire,
Et qui s'enfuit difant fes *Orémus.*
L'âne au milieu du fang & du carnage
Du paladin féconde le courage.
Il vole, il rue, il mord, il foule aux pieds
Ce tourbillon de faquins effraiés.
Sacrogorgon abaiffant la vifiéré
Toujours jurant s'en allait en arriére ;
Dunois le joint, l'atteint à l'os pubis,
Le fer fanglant lui fort par le coccis :
Le vilain tombe, & le peuple s'écrie
Béni foit Dieu le barbare eft fans vie.
  Le fcélerat encor fe débattait
Sur la pouffiére & fon cœur palpitait,
Quand le héros lui dit ; ame traitreffe
L'Enfer t'atend, crains le Diable, & confeffe
Que l'Archevêque eft un coquin mitré,
Un raviffeur, un parjure avéré,
Que Dorothée eft l'innocence même,
Qu'elle eft fidèle au tendre amant qu'elle aime,
Et que tu n'et qu'un fot & qu'un fripon.
Ouï, Monfeigneur : ouï vous avez raifon

Je

Je fuis un fot, la chofe eft par trop claire;
Et vôtre épée a prouvé cette affaire.
Il dit, fon ame alla chez le Démon
Ainfi mourut le fier Sacrogorgon.

Dans l'inftant même où ce bravache infame
A Belzebut rendait fa vilaine ame;
De vers la place arrive un Ecuyer
Portant falade avec lance dorée:
Deux poftillons à la jaune livrée
Allaient devant. C'était chofe affurée
Qu'il arrivait quelque grand Chevalier.
A cet objet la belle Dorothée
D'étonnement & d'amour tranfportée:
Ah DIEU puiffant, fe mit elle à crier,
Serait-ce lui! ferait-il bien poffible!
A mes malheurs le Ciel eft trop fenfible.

Les Milanais peuples très curieux
Vers l'Ecuyer avaient tourné les yeux.

Eh cher lecteur n'êtes vous pas honteux
De reffembler à ce peuple volage,
Et d'occuper vos yeux & votre efprit
Du changement qui dans Milan fe fit?
Eft-ce donc là le but de mon ouvrage?
Songez Lecteur aux remparts d'Orléans,
Au Roi de France, aux cruels affiégeans
A la pucelle, à l'illuftre amazone
La vangereffe & du peuple & du Trône,
Qui fans jupon, fans pourpoint ni bonnet
Parmi les champs comme un centaure allait,
Ayant en DIEU fa plus ferme efpérance,
Comptant fur lui plus que fur fa vaillance,
Et s'adreffant à Monfieur Saint Denis;
Qui cabalait alors en paradis
Contre Saint George en faveur de la France.
Surtout lecteur n'oubliez point Agnès

Ayez

Ayez l'efprit tout plein de fes attraits.
Tout honnête homme à mon gré doit s'y plaire.
Eft-il quelqu'un fi morne & fi févère
Que pour Agnès il foit fans intérèt?
 Et franchement dites moi s'il vous plait,
Si Dorothée au feu fut condamnée
Si le Seigneur du haut du firmament
Sauva le jour à cette infortunée,
Semblable cas advient très rarement.
Mais que l'objet où vôtre cœur s'engage,
Pour qui vos pleurs ne peuvent s'éffuyer,
Soit dans les bras d'un robufte aumônier,
Ou femble épris pour quelque jeune page;
Cet accident peut-être eft plus commun.
Pour l'amener ne faut miracle aucun.
Je l'avouërai, j'aime toute avanture,
Qui tient de près à l'humaine nature;
Car je fuis homme & je me fais honneur,
D'avoir ma part aux humaines faibleffes;
J'ai dans mon tems poffédé des maîtreffes,
Et j'aime encore à retrouver mon cœur.

LIVRE HUITIEME.

Agnès Sorel pourfuivie par l'Aumonier de Jean Chandos. Regrets de fon amant: ce qui advint à la belle Agnès dans un Couvent.

EH quoi toujours clouer une préface,
A tous mes chants? la morale me laffe.

Un simple fait conté naïvement,
Ne contenant que la vérité pure,
Narré succinct, sans frivole ornement;
Point trop d'esprit, aucun rafinement,
Voilà dequoi désarmer la censure.
Allons au fait Lecteur tout rondement.
C'est mon avis. Tableau d'après nature
S'il est bien fait, n'a besoin de bordure.

  Le bon Roi Charle allant vers Orléans,
Enflait le cœur de ses fiers combattans,
Les remplissait de joye & d'espérance,
Et relevait le destin de la France.
Il ne parlait que d'aller aux combats,
Il étalait une fiére allégresse;
Mais en secret il soupirait tout bas,
Car il était absent de sa maîtresse.
L'avoir laissée, avoir pû seulement
De son Agnès s'écarter un moment,
C'était un trait d'une vertu suprême,
C'était quitter la moitié de soi-même.

  Lorsqu'il fut seul en sa chambre enfermé,
Et qu'en son cœur il eut un peu calmé,
L'emportement du Démon de la gloire,
L'autre Démon qui préside à l'amour.
Vint à ses sens s'expliquer à son tour.
Il plaidait mieux; il gagna la victoire.
D'un air distrait le bon Prince écouta
Le gros Louvet qui longtems harangua,
Puis en sa chambre en secret il alla,
Où d'un cœur triste & d'une main tremblante
Il écrivit une lettre touchante,
Que de ses pleurs tendrement il mouilla,
Pour les sécher Bonneau n'était pas là.
Messire Hugon Gentilhomme ordinaire
Fut dépéché chargé du doux billet,

Une heure après ô douleur trop amère!
Nôtre courier raporte le poulet.
Le Roi faifi d'une crainte mortelle,
Lui dit hélas.! pourquoi donc reviens tu!
Quoi mon billet?... Sire, tout eft perdu,
Sire armez vous de force & de vertu.
Les Anglais, Sire, ah tout eft confondu
Sire ils ont pris Agnès & la Pucelle.

   A ce propos dit fans ménagement
Le Roi, tomba, perdit tout fentiment
Et de fes fens il ne reprit l'ufage
Que pour fentir l'effet de fon tourment.
Contre un tel coup quiconque a du courage
N'eft pas fans doute un véritable amant.
Le Roi l'était; un tel événement
Le tranfperçait de douleur & de rage.
Ses Chevaliers perdirent tous leurs foins
A l'arracher à fa douleur cruelle,
Charle fut prêt d'en perdre la cervelle.
Son pére helas! devînt fou pour bien moins.
Ah! cria t'il, que l'on m'enléve Jeanne,
Mes Chevaliers, tous mes gens à foutanne,
Mon Directeur, & le peu de pays
Que m'ont laiffé mes deftins ennemis,
Cruels Anglais otez moi plus encore
Mais laiffez moi ce que mon cœur adore.
Amour, Agnès, Monarque malheureux!
Que fais-je ici, m'arrachant les cheveux?
Je l'ai perdue, il faudra que j'en meure.
Je l'ai perdue, & pendant que je pleure,
Peut-être hélas quelqu'infolent Anglais
A fon plaifir fubjugue fes attraits,
Nez feulement pour des baifers Français.
Une autre bouche à tes lévres charmantes
Pourrait ravir ces faveurs fi touchantes?

Une

Une autre main careffer tes beautés?
Une autre! ô Ciel que de calamités;
Et qui fait même en ce moment terrible
A leurs plaifirs fi tu n'eft pas fenfible,
Qui fait helas fi ton tempérament
Ne trahit pas ton malheureux amant!
Le trifte Roi, de cette incertitude
Ne pouvant plus fouffrir l'inquiétude,
Va fur ce cas confulter les Docteurs,
Nécromanciens, Devins, Sorbonniqueurs.
Juifs, Jacobins, quiconque favait lire.
　　Meffieurs dit-il, il convient de me dire
Si mon Agnès eft fidéle à fa foi,
Si pour moi feul fa belle ame foupire.
Gardez-vous bien de tromper vôtre Roi;
Dites moi tout; de tout il faut m'inftruire.
Eux bien payez confultèrent foudain
En Grec, Hébreu, Siriaque, Latin;
L'un du Roi Charle examine la main,
L'aütre en quarré deffine une figure;
Un autre obferve & Vénus & Mercure;
Un autre va fon Pfautier parcourant,
Difant *amen* & tout bas marmottant.
Cet autre-ci regarde au fond d'un verre,
Et celui-là fait des cercles à terre,
Il n'eft aucun qui doute de fon Art
Aucun ne croit que le Diable y ait part:
Aux yeux du Prince ils travaillent, ils fuent;
Puis louant DIEU tout enfemblent ils concluent
Que ce grand Roi peut dormir en repos,
Qu'il eft le feul parmi tous les Héros
A qui le Ciel par fa grace infinie,
Daigne octroyer une fidéle amie,
Qu'Agnès eft fage, & füit tous les Amans.
Ils fe trompaient hélas les bonnes gens,

Puis

Puis fiez-vous à Meſſieurs les Savants.
  Cet Aumonier terrible inéxorable
Avait ſaiſi le moment favorable :
Malgré les cris, malgré les pleurs d'Agnès
Il triomphait de ſes jeunes attraits,
Il raviſſait des plaiſirs imparfaits,
Volupté triſte & fauſſe jouïſſance,
Honteux plaiſirs qu'amour ne connait pas.
Car qui voudrait tenir entre ſes bras
Une beauté qui détourne la bouche
Qui de ſes pleurs inonde vôtre couche ;
Un honnéte homme a bien d'autres déſirs.
Il n'eſt heureux qu'en donnant des plaiſirs.
Un Aumonier n'eſt pas ſi difficile :
Il và piquant ſa monture indocile,
Sans s'informer ſi le jeune tendron
Sous ſon empire a du plaiſir ou non.
  Le page aimable amoureux & timide
Qui dans le bourg était allé courir
Pour dignement honorer & ſervir
La Déïté qui de ſon ſort décide,
Revint enfin. Las il revint trop tard.
Il rentre, il voit le damné de frapart
Qui toute en feu dans ſa brutale joye
Se démènait & dévorait ſa proye.
Le beau Monroſe à cet objet fatal
Le fer en main vôle ſur l'animal ;
Du Chapelain l'impudique furie
Céde au beſoin de défendre ſa vie ;
Du lit il ſaute ; il empoigne un bâton ;
Il s'en excrime, il acole le page.
Chacun des deux eſt brave Champion.
Monroſe eſt plein d'amour eſt de courage ;
Et l'Aumonier de luxure & de rage.
Les gens heureux qui goutent dans les champs
                                    La

La douce paix, fruit des jours innocens,
Ont vu souvent près de quelque bocage
Un Loup cruel affamé de carnage,
Qui de ses dents déchire la toison
Et boit le sang d'un malheureux mouton.
Si quelque chien à l'oreille écourtée
Au cœur superbe a la gueule endentée
Vient comme un trait tout prêt à guerroyer,
Incontinent l'animal carnassier
Laisse tomber de sa gueule écumante
Sur le gazon la victime innocente ;
Il court au chien qui sur lui s'élançant
A l'ennemi livre un combat sanglant ;
Le Loup mordu tout bouillant de colére
Croit étrangler son superbe adversaire ;
Et le mouton palpitant auprès d'eux
Fait pour le chien de très sincères vœux.
C'était ainsi que l'aumônier nerveux
D'un cœur farouche & d'un bras formidable
Se débattait contre le page aimable
Tandis qu'Agnès demi morte de peur
Restait au lit, digne prix du vainqueur.
    L'hôte & l'hotesse, & toute la famille,
Et les valets & la petite fille,
Montent au bruit ; on se jette entre deux :
On fit sortir l'Aumonier scandaleux ;
Et contre lui chacun fut pour le Page ;
Jeunesse, & grace ont par tout l'avantage.
Le beau Monrose eut donc la liberté
De rester seul auprès de sa beauté.
Et son rival hardi dans sa détresse,
Sans s'étonner alla chanter sa Messe.
    Agnès honteuse, Agnès au désespoir
Qu'un Sacristain à ce point l'eut polluë,
Et plus encor qu'un beau page l'eut vûe

                                        Dans

Dans le combat indignement vaincûe,
Verſait des pleurs & n'oſait plus le voir.
Elle eut voulu que la mort la plus prompte
Fermat ſes yeux & terminat ſa honte.
Elle diſait dans ſon grand déſaroi
Pour tout diſcours, ah Monſieur tuez moi.
Qui vous, mourir? lui répondit Monroſe
Je vous perdrais ce traître en ſerait cauſe.
Ah croyez-moi, ſi vous aviez péché
Il faudrait vivre & prendre patience.
Eſt-ce à nous deux de faire pénitence?
D'un vain remord vôtre cœur eſt touché.
Divine Agnès, quelle erreur eſt la vôtre
De vous punir pour le péché d'un autre?
Si ſon diſcours n'était pas éloquent,
Ses yeux l'étaient; un feu tendre & touchant
Inſinuait à la belle attendrie,
Quelque déſir de conſerver ſa vie.
  Falut diner: car malgré nos chagrins
Chetifs mortels (j'en ai l'expérience)
Les malheureux ne font point abſtinence.
En enrageant on fait encor bombance.
Voilà pourquoi tous ces auteurs divins,
Ce bon Virgile, & ce bavard d'Homère
Que tout Savant même en baillant révère,
Ne manquent point au milieu des combats
L'occaſion de parler d'un repas.
La belle Agnès dina donc tête à tête
Près de ſon lit avec ce page honnête,
Tous deux d'abord également honteux
Sur leur aſſiéte arrêtaient leurs beaux yeux;
Puis enhardis tous deux ſe regardèrent,
Et puis enfin tous deux ils ſe lorgnèrent,
  Vous ſavez bien que dans la fleur des ans
Quand la ſanté brille dans tous vos ſens

Qu'un

Qu'un bon dîner fait couler dans vos veines
Des paſſions les ſemences ſoudaines,
Tout vôtre cœur cède au beſoin d'aimer:
Vous vous ſentez doucement enflammer
D'une chaleur bénigne & pétillante:
La chair eſt faible & le Diable vous tente.
Le beau Monroſe en ces tems dangereux
Ne pouvant plus commander à ſes feux,
Se jette aux pieds de la belle éplorée.
O cher objet ô maitreſſe adorée
C'eſt à moi ſeul déſormais de mourir.
Ayez pitié d'un cœur ſoumis & tendre;
Quoi mon amour ne pouvait obtenir
Ce qu'un barbare a bien oſé vous prendre!
Ah ſi le crime a pû le rendre heureux
Que devez-vous à l'amour vertueux!
C'eſt lui qui parle & vous devez l'entendre.
Cet argument paraiſſait aſſez bon.
Agnès ſentit le poids de la raiſon.
Une heure encor elle oſa ſe deffendre,
Elle voulut reculer ſon bonheur
Pour accorder le plaiſir & l'honneur;
Sachant très bien qu'un peu de réſiſtance
Vaut cent fois mieux que trop de complaiſance.
Monroſe enfin Monroſe fortuné
Eut tous les droits d'un Amant couronné:
Du vrai bonheur il eut la jouïſſance.
Du Prince Anglais la gloire & la puiſſance
Ne s'étendait que ſur des Rois vaincus,
Le fier Henri n'avait pris que la France,
Le lot du Page était bien audeſſus.
　　Mais que la joye eſt trompeuſe & legére!
Que le bonheur eſt choſe paſſagére!
Le charmant Page à peine avait goûté
De ce torrent de pure volupté;

Que des Anglais arrive une cohorte.
On monte, on entre, on enfonce la porte,
Couple énivré des careffes d'amour
C'eft l'aumonier qui vous joua ce tour.
On prend Agnès on prend fon ami tendre.
De vers Chandos on s'en va les mener.
Certes au Diable il faudrait me donner
Pour vous décrire & pour vous bien aprendre,
L'effroi le trouble & la confufion
Le déféfpoir, La défolation,
L'amas d'horreurs l'état épouvantable
Qui le beau page & fon Agnès accable.
Ils rougiffaient de s'être fait heureux.
A Jean Chandos que diront-ils tous deux ?
Dans le chemin advint que de fortune
Ce corps Anglais rencontra fur la brune
Vingt Chevaliers qui pour Charle tenaient
Et qui de nuit en ces quartiers rodaient
Pour découvrir fi l'on avait nouvelle
Touchant Agnès & touchant la Pucelle.
  Quand deux mâtins, deux coqs & deux amants
Nez contre nez fe rencontrent aux champs ;
Lorfqu'un fupôt de la grace éfficace
Trouve un col tors de l'école d'Ignace ;
Quand un Enfant de Luther ou Calvin
Voit par hazard un Prêtre ultramontain ;
Sans perdre tems un grand combat commence ;
A coups de guéule ou de plume ou de lance.
Semblablement les Gendarmes de France.
Tout de plus loin qu'ils virent les Bretons.
Fondent deffus legers comme faucons.
Les gens Anglais font gens qui fe deffendent.
Mille beaux coups fe donnent & fe rendent.
Le fier courfier qui notre Agnès portait
Etait actif, jeune, fringuant comme elle.

                                        H

Il se cabrait, il ruait, il tournait :
Agnès allait sautillant sur la selle.
Bientôt au bruis des cruels combattans
Il s'éffarouche ; il prend le mort aux dents
Agnès en vain veut d'une main timide
Le gouverner dans sa course rapide,
Elle est trop faible : il lui falut enfin,
A son cheval remettre son destin.
   Le beau Monrose au fort de la mêlée
Ne peut savoir ou sa Nimphe est allée
Le Coursier vole aussi promt que le vent,
Et sans relache ayant couru six mille,
Il s'arreta dans un valon tranquille,
Tout vis à vis la porte d'un couvent.
Un bois était près de ce monastère
Au près du bois une onde vive & claire
Fuït & revient ; & par de longs détours
Parmi des fleurs elle poursuit son cours.
Plus loin s'éléve une coline verte
A chaque Automne enrichie & couverte,
Des doux présents dont Noë nous dota,
Lors qu'à la fin son grand cofre il quitta
Pour réparer du genre humain la perte,
Et que lassé du spectacle de l'eau
Il fit du vin par un art tout nouveau.
Flore & Pomone, & la féconde haleine
Des doux Zéphirs parfument ces beau champs,
Sans se lasser, l'œuil charmé s'y promêne.
Le Paradis de nos premiers Parens
N'avait point eû de vallons plus riants,
Plus fortunés, & jamais la nature
Ne fut plus belle & plus riche & plus pure.
L'air qu'on respire en ces lieux écartés,
Porte la paix dans les cœurs agités,
Et des chagrins calmant l'inquiétude ,

Fait

Fait aux mondains aimer la folitude.

Au bord de l'onde Agnès fe repofa,
Sur le couvent fes beaux yeux arrêta :
Et de fes fens le trouble fe calma.
C'etait Lecteur un Couvent de Nonettes.
Ah , dit Agnès adorables retraites !
Lieux ou le Ciel a verfé fes bienfaits ,
Séjour heureux d'innocence & de paix ,
Hélas du Ciel la faveur infinie
Peut-être ici me conduit tout exprès
Pour y pleurer les erreurs de ma vie.
De chaftes Soeurs époufes de leur DIEU
De leurs vertus embeaument ce beau lieu
Et moi fameufe entre les péchereffes,
J'ai confumé mes jours dans les faibleffes.
Agnès ici parlant à haute voix.
Sur le portail aperçut une croix :
Elle adora d'humilité profonde
Ce figne heureux du falut de ce monde.
Et fe fentant quelque componction
Elle comptait s'en aller à confeffe ;
Car de l'amour à la dévotion
Il n'eft qu'un pas. L'une & l'autre eft tendreffe.

Or du moutier la vénérable Abeffe
Depuis deux jours était allée à Blois ,
Pour du Couvent y foutenir les droits.
Ma fœur befogne avait en fon abfence
Du Saint troupeau la bénigne intendance.
Elle accourut au plus vite au parloir,
Puis fit ouvrir pour Agnès recevoir.
Entrez dit-elle , aimable voyageufe
Quel bon patron , qu'elle fête joyeufe
Peut amener au pied de nos Autels
Cette beauté dangereufe aux mortels?
Seriez vous point quelque Ange ou quelque Sainte

Qui

Qui des hauts Cieux abandonne l'enceinte
Pour ici bas nous faire la faveur
De confoler les filles du Seigneur ?
Agnès répond c'eft pour moi trop d'honneur,
Je fuis ma fœur une pauvre mondaine.
De grands pêchez mes beaux jours font ourdis;
Et fi jamais je vais en Paradis
Je n'y ferai qu'auprès de Magdelaine.
De mon deftin le caprice fatal
DIEU, mon bon Ange & furtout mon cheval,
Ne fait comment en ces lieux m'ont portée;
De grand remords mon ame eft agitée;
Mon cœur n'eft point dans le crime endurci.
J'aime le bien, j'en ai perdu la trace,
Je le retrouve & je fens que la grace
Pour mon falut veut que je couche ici.
  Ma fœur befogne avec douceur prudente
Encouragea la belle pénitente
Et de la grace exaltant les attraits
Dans fa Cellule elle conduit Agnès.
Cellule propre & bien illuminée,
Pleine de fleurs & galament ornée,
Lit ample & doux: on dirait que l'amour
A de fes mains arangé ce féjour.
Agnès tout bas louant la Providence
Vit qu'il eft doux de faire pénitence.
  Après foupé (car je n'omettrai point
Dans mes recits ce noble & digne point;
Befogne dit à la belle étrangére
Il eft nuit clofe, & vous favez ma chére,
Que c'eft le tems ou les efprits malins
Rodent par tout & vont tenter les Saints;
Il nous faut faire une œuvre profitable.
Couchons enfemble, afin que fi le Diable
Veut contre nous faire ici quelque effort,

Nous

Nous trouvant deux, le Diable en ſoit moins fort.
La Dame errante accepta la partie
Elle ſe couche, & croit faire œuvre pie,
Croit qu'elle eſt Sainte, & que le Ciel l'abſout;
Mais ſon deſtin la pourſuivait partout.
    Puis-je au Lecteur raconter ſans vergogne;
Ce que c'était que cette ſœur Beſogne?
Il faut le dire, il faut tout publier.
Ma ſœur Beſogne était un Bachelier,
Qui d'un Hercule eut la force en partage
Et d'Adonis le gracieux viſage,
N'ayant encor que vingt ans & demi,
Blanc comme lait, & frais comme roſée,
La Dame Abeſſe en perſonne aviſée
En avait fait depuis peu ſon ami.
Sœur Bachelier vivait dans l'Abaïe
En cultivant ſon ouaille jolie.
Ainſi qu'Achille en fille déguiſé
Chez Licoméde était favoriſé
Des doux baiſers de ſa Déidamie.
    La pénitente était à peine au lit
Avec ſa ſœur ſoudain : elle ſentit,
Dans la Nonnain métamorphoſe étrange.
Aſſurément elle gagnait au change.
Crier, ſe plaindre, eveiller le couvent,
N'aurait été qu'un ſcandale imprudent.
Souffrir en paix, ſoupirer & ſe taire
Se réſigner eſt tout ce qu'on peut faire.
Puis rarement en telle occaſion
On a le tems de la reflexion.
Quand ſœur Beſogne à ſa fureur clauſtrale;
(Car on ſe laſſe) eut mis quelque intervale;
La belle Agnès, non ſans contrition
Fit en ſecret cette réfléxion.
C'eſt donc en vain que j'eus toûjours en tête
Le

Le beau projet d'être une femme honnête,
C'eft donc en vain que l'on fait ce qu'on peut.
N'eft pas toujours femme de bien qui veut.

LIVRE NEUVIEME.

Les Anglais violent le Couvent : Combat de Saint George Patron d'Angleterre contre Saint Denis Patron de la France.

JE vous dirai fans harangue inutile.
Que le matin nos deux charmants reclus
Laffés tous deux de plaifirs deffendus,
S'abandonnaient l'un vers l'autre étendus
Aux doux repos d'une ivreffe tranquile.
Un bruit affreux déranga leur fommeil.
De tous côtés le flambeau de la guerre,
L'horrible mort éclaire leur réveil.
Près du couvent le fang couvrait la terre.
Cet efcadron de Malandrins Anglais
Avait battu cet efcadron Français.
Ceux-ci s'en vont à travers de la plaine.
Le fer en main, ceux-là volent après ;
Frapant, tuant, criant tous hors d'haleine
Mourez fur l'heure, ou rendez-nous Agnès.
Mais aucun d'eux n'en s'avait des nouvelles.
Le vieux Colin Pafteur de ces Cantons,
Leur dit, Meffieurs, en gardant mes moutons
Et je vis hier le miracle des belles,
Qui vers le foir entrait en ce moutier;
Lors les Anglais fe mirent à crier ;

Ah

Ah c'eſt Agnès, n'en doutons point, c'eſt elle ;
Entrons amis ; la Cohorte cruelle
Saute à l'inſtant deſſus ces murs bénis.
Voilà les loups au milieu des brebis.
   Dans le Dortoir de Cellule en Cellule,
A la chapelle, à la Cave, en tout lieu,
Ces ennemis des Servantes de Dieu,
Attaquent tout ſans honte & ſans ſcrupule.
Ah ſœur Agnès, ſœur Maton, ſur Urſule
Où courez-vous, levant les mains aux Cieux,
Le trouble au ſein, la mort dans vos beaux yeux !
Ou fuyez vous Colombes gemiſſantes ?
Vous embraſſez interdites tremblantes,
Ce Saint Autel aſile redouté
Sacré garant de vôtre chaſteté.
C'eſt vainement dans ce péril funeſte
Que vous criez à vôtre époux celeſte.
A ſes yeux même, à ces mêmes Autels
Tendres Troupeaux, vos raviſſeurs cruels
Vont profaner la foi pure & ſacrée
Qu'innocemment vôtre bouche a jurée.
   Je ſçai qu'il eſt des Lecteurs bien mondains,
Gens ſans pudeur, ennemis des nonnains,
Mauvais plaiſants, de qui l'Eſprit frivole
Oſe inſulter aux filles qu'on viole ;
Laiſſons-les dire ; helas, mes chéres ſœurs
Qu'il eſt affreux pour de ſi jeunes cœurs
Pour des beautez ſi ſimples, ſi timides,
De ſe débattre en des bras homicides,
De recevoir les baiſers dégoutans,
De ces félons de carnage fumants
Qui d'un effort déteſtable & farouche
Les yeux en feu, le blaſphême à la bouche
Mêlent l'horreur avec la volupté
Et font l'amour avec férocité,

De

De qui l'haleine horrible, empoifonnée
La barbe dure & la main forcenée,
Le corps hideux, le bras noir & fanglant
Semblent donner la mort en careffant,
Et qu'on prendrait dans leurs fureurs étranges
Pour des Démons qui violent des Anges!
   Déja le crime aux regards effrontés
A fait rougir ces dévotes beautés.
Sœur Rebondi fi dévote & fi fage
Au fier Shipunk eft tombée en partage.
Le dur Barclay, l'incrédule Warton
Sont tous les deux après fœur Amidon.
On pleure, on prie, on jure, on preffe, on cogne,
Dans le tumulte on voyait fœur Befogne
Se débatant contre Bard & Cuton,
Qui la preffaient fans entendre raifon.
Aimable Agnès dans la troupe affligée
Vous n'étiez pas pour être négligée:
Et vôtre fort objet charmant & doux,
Eft à jamais de pêcher malgré vous.
Le Chef fanglant de la Gent facrilége
Hardi vainqueur vous preffe, & vous affiége,
Et les foldats foumis dans leur fureur
Avec refpect lui cédaient cet honneur.
   Le jufte Ciel en fes décrets févéres
Met quelquefois un terme à nos miféres.
Car dans le tems que Meffieurs d'Albion
Avaient placé l'abomination
Toute au milieu de la fainte Sion;
Du haut des Cieux le Patron de la France
Le bon Denis propice à l'innocence,
Crut échaper aux foupçons inquiets
Du fier Saint George ennemi des Français.
Du Paradis il vint en diligence.
Mais pour defcendre au terreftre féjour

Plus

Plus ne monta fur un rayon du jour ;
Sa marche alors aurait paru trop claire.
Il s'en alla vers le Dieu du miftère
Dieu fage & fin , grand ennemi du bruit ;
Qui partout vôle & ne va que de nuit.
Il favorife (& certes c'eft dommage)
Force fripons ; mais il conduit le fage ;
Il eft fans ceffé à l'Eglife , à la Cour ;
Au tems jadis il a guidê l'amour.
Il mit d'abord au milieu d'un nuage
Le Bon Denis ; puis il fit le voyage
Par un chemin folitaire , écarté ,
Parlant tout bas , & marchant de côté.
    Des bòns Français le protécteur fidèle
Non loin de Blois rencontra la pucelle,
Qui fur le dos de fon gros muletier
Gagnait pays par un petit fentier ,
En priant Dieu qu'une heureufe avanture
Lui fit enfin retrouver fon armure.
Tout du plus loin que Saint Denis la vit,
D'un ton bénin le bon Patron lui dit :
O ma pucelle, ô vierge deftinée
A protéger les filles & les Rois,
Viens fecourir la pudeur aux abois ;
Viens reprimer la rage forcenée ;
Viens, que ce bras vangeur des fleurs de Lys
Soit le fauveur de mes tendrons bénis :
Voi ce Couvent ; le tems preffe, on viole :
Viens ma pucelle ; il dit & Jeanne y vole.
Le cher Patron lui fervant d'écuier ,
A coup de fouet hâtait le muletier.
    Vous voici Jeanne au milieu des infames
Qui tourmentaient ces vénérables Dames.
Jeanne était nüe ; un Anglais impudent
Vers cet objet tourne foudain la tête.

E   I I

Il la convoite : il penfe fermement
Qu'elle venait pour être de la fête.
Vers elle il court , & fur fa nudité
Il va cherchant la fale volupté.
On lui répond d'un coup de cimeterre
Droit fur le nez. L'infame roule à terre ;
Jurant ce mot des Français révéré,
Mot énergique , au plaifir confacré,
Mot que fouvent le profane vulgaire
Indignement prononce en fa colère.
   Jeanne à fes pieds foulant fon corps fanglant ;
Criait tout haut à ce peuple méchant ;
Ceffez cruels , ceffez troupe profane ,
O violeurs , craignez DIEU ; craignez Jeanne.
Ces mécréans au grand œuvre attachés
N'écoutaient rien , fur leurs nonains juchés ;
Tels des ânons broutent des fleurs naiffantes
Malgré les cris du maître & des fervantes.
Jeanne qui voit leurs impudents travaux ,
De grande horreur faintement tranfportée ,
Invoquant DIEU , de Denis affiftée
Le fer en main vole de dos en dos
De nuque en nuque , & d'échine en échine
Frapant , perçant de fa lance divine ;
Pourfendant l'un alors qu'il commençait ,
Dépêchant l'autre alors qu'il finiffait :
Et moiffonnant la cohorte félonne ,
Si que chacun fut percé fur fa nonne ,
Et perdant l'ame au fort de fon défir
Allait au Diable en mourant de plaifir.
   Le fier Warton dont la lubrique rage
Avait preffé fon déteftable ouvrage ,
Le fier Warton fut le feul écuier ,
Qui de fa nonne ôfa fe délier ,
Et droit en pied reprenant fon armure ,

Atten^a

Attendit Jeanne & changea de poſture.
  O vous grand ſaint protecteur de l'état
Bon Saint Denis témoin de ce combat
Daignez redire à ma muſe fidèle
Ce qu'à vos yeux fit alors ma pucelle:
Jeanne d'abord frémit, s'émerveilla;
Mon cher Denis! mon Saint que vois-je là?
Mon corſelet mon armure céleſte
Ce beau préſent que tu m'avais donné
Brille à mes yeux au dos de ce damné?
Il a mon caſque, il a ma ſoubreveſte.
Il était vrai, la Jeanne avait raiſon.
La belle Agnès en troquant de jupon
De cette armure en ſecret habillée
Par Jean Chandos fut bientôt dépouillée.
Iſaac Warton Ecuier de Chandos,
Prit cet armure & s'en couvrit le dos;
Et DIEU permit qu'en ce jour la pucelle
Contre Warton combattit pour icelle.
Le bras tendu, le corps en ſon profil,
La tête haute, & le fer de droit fil,
Jeanne d'abord combat avec meſure,
Car ſon épée était ſa ſeule armure.
L'Anglais recule, & la belle en courroux
Le pourſuivant ſans régle & ſans meſure,
Du fer tranchant lui porte de grands coups,
Au mont Etna dans leur forge brulante
Du noir Vulcain les borgnes compagnons
Font retentir l'enclume étincelante
Sous des marteaux moins redoublés, moins prompts,
En préparant au maître du tonnerre
Son gros canon trop bravé ſur la terre.
  Le fier Anglais de fer enharnaché
Recule encor; ſon ame eſt ſtupéfaite
Quand il ſe voit ſi rudement touché

E 2   Par

Par une jeune & fringante brunette.
La voyant nue il avait des remords :
Sa main tremblait de blesser ce beau corps.
Il se défend & combat en arrière,
De l'ennemie admirant les tréfors,
Et se moquant de sa vertu guerrière.
    Saint George alors au sein du Paradis
Ne voyant plus son confrére Denis,
Se douta bien que le Saint de la France
Portait au siens sa divine assistance.
Il promenait ses regards inquiets
Dans les recoins du célefte Palais.
Sans balancer aussitôt il demande
Son beau cheval connu dans la légende.
Le cheval vint ; George le bien monté,
La lance au poing & le sabre au côté,
Va parcourant cet effroyable espace,
Que des humains veut mesurer l'audace ;
Ces Cieux divers, ces globes lumineux
Que fait tourner René le songe creux,
Dans un amas de subtile poussiére,
Beaux tourbillons que l'on ne prouve guère,
Et que Newton rêveur bien plus fameux
Fait tournoyer sans boussole & sans guide
Autour du rien, tout au milieu du vuide.
George enflammé de dépit & d'orgueil
Franchit ce vuide arrive en un clein d'œil
Devers les lieux arrosés par la Loire,
Où Saint Denis croyait chanter victoire.
Ainsi l'on voit dans la profonde nuit
Une cométe en sa longue carrière
Etinceller d'une horrible lumière.
On voit sa queuë, & le peuple frémit ;
Le Pape en tremble, & la terre étonnée
Croit que les vins vont manquer cette année.
Tout

Tout du plus loin que Saint George aperçut
Monfieur Denis, de colère il s'émut;
Et brandiffant fa lance meurtrière,
Il dit ces mots dans le vrai goût d'Homère.
Denis, Denis! rival faible & hargneux,
Timide apui d'un parti malheureux,
Tu defcends donc en fecret fur la terre
Pour égorger mes Héros d'Angleterre!
Crois-tu changer les ordres du deftin
Avec ton âne & ton bras féminin!
Ne crains-tu pas que ma jufte vengeance
Puniffe enfin toi, ta fille & la France?
Ton trifte chef branlant fur ton col tors
S'eft déja vû féparé de ton corps.
Je veux t'ôter aux yeux de ton Eglife,
Ta tête chauve en fon lieu mal remife,
Et t'envoyer vers les murs de Paris;
Digne Patron des Badauts attendris,
Dans ton fauxbourg, où l'on chomme ta fête,
Tenir encor & rebaifer ta tête.
   Le bon Denis levant les mains aux Cieux.
Lui répondit d'un ton noble & pieux.
O grand Saint George, ô mon puiffant confrère,
Veux t'on toûjours écouter ta colère?
Depuis le tems que nous fommes au Ciel
Ton cœur dévot eft tout pétri de fiel.
Nous faudra-t-il bien heureux que nous fommes
Saint enchâffés, tant fêtés chez les hommes,
Nous qui devons l'exemple aux Nations
Nous décrier par nos divifions?
Veux-tu porter une guerre cruelle
Dans le féjour de la paix éternelle?
Jufques à quand les Saints de ton pays
Mettront-ils donc le trouble en Paradis?
O fiers Anglais, gens toujours trop hardis,

E 3

Le

Le Ciel un jour à son tour en colère
Le lassera de vos façons de faire.
Ce Ciel n'aura, grace à vos soins jaloux
Plus de dévots qui viennent de chez vous.
Malheureux Saint, pieux atrabilaire,
Patron maudit d'un peuple sanguinaire,
Sois plus traitable, & pour DIEU laisse moi
Sauver la France, & secourir mon Roi.
   A ce discours George bouillant de rage
Sentit monter le rouge à son visage :
Et des Badauts contemplant le Patron
Il redoubla de force & de courage ;
Car il prenait Denis pour un poltron.
Il fond sur lui tel qu'un puissant Faucon
Vole de loin sur un tendre Pigeon.
Denis recule & prudent il appelle
A haute voix son âne si fidèle,
Son âne ailé sa joye & son secours.
Vient, criait-il, viens deffendre ma vie.
Le beau Grison revenait d'Italie
En ce moment ; & moi conteur succint
Dirai bientôt ce qui fit qu'il revint.
A son Denis dos & selle il présente.
Nôtre Patron sur son âne élancé,
Sentit soudain sa valeur renaissante.
Subtilement il avait ramassé
Le fer tranchant d'un Anglais trépassé.
Lors brandissant le fatal cimeterre
Il pousse à George, il le presse, il le serre.
George indigné lui fait tomber en bref
Trois horions sur son malheureux chef :
Tous sont parés : Denis garde sa tête :
Et de ses coups fait tomber la tempête
Sur le Cheval & sur le Cavalier.
Le feu jaillit sur l'élastique acier.

Les

Les fers croifés & de taille & de pointe
A tout moment vont au fort du combat
Chercher le cou , le cafque , le rabat
Et l'auréole , & l'endroit délicat
Où la cuiraffe à l'éguillette eft jointe.
Tous deux tenaient la victoire en fufpens
Quand de fa voix terrible & difcordante
L'âne entonna fa mufique écorchante.
Le Ciel en tremble ; écho du fond des bois
En frémiffant répéte cette voix.
George pâlit : Denis d'une main lefte
Fait une feinte , & d'un revers célefte
Tranche le nez du grand Saint d'Albion.
Le bout fanglant roule fur fon arçon.
George fans nez , mais non pas fans courage ,
Vange à l'inftant l'honneur de fon vifage ,
Et jurant Dieu felon les nobles *us*
De fes Anglais , d'un coup de cimeterre
Coupe à Denis ce que jadis Saint Pierre
Certain Jeudi fit tomber à Malcus.
A ce fpectacle , à la voix empoulée
De l'âne faint , à fes terribles cris
Tout fut ému dans les divins lambris.
Le beau portail de la voute étoilée
S'ouvrit alors , & des arches du Ciel
On vit fortir l'Arcange Gabriel ,
Qui foutenu fur fes brillantes ailes ,
Fend doucement les plaines éternelles ,
Portant en main la verge qu'autrefois
De vers le Nil eut le divin Moïfe ,
Quand dans la mer fufpendue & foumife
Il engloutit les peuples & les Rois.
Que vois-je ici , cria-t-il en colère ,
Deux Saints Patrons , deux enfans de lumière
Du Dieu de paix confidens éternels

E 4   Vous

Vont s'échigner comme de vils mortels !
Laissez, laissez aux sots enfans des femmes
Les passions & le fer & les flammes.
Abandonnez à leur profane sort
Les corps chétifs de ces grossières âmes,
Nès dans la fange & formés pour la mort ;
Mais vous, enfans qu'au séjour de la vie
Le Ciel nourit de sa pure ambrosie,
Etes-vous las d'être trop fortunés ?
Etes-vous fous ? Ciel ? une oreille ; un nez !
Vous que la grace & la miséricorde
Avaient formés pour prêcher la concorde !
Pouvez-vous bien de je ne scai quel Rois
En étourdis embrasser la querelle ?
Ou renoncez à la voute éternelle,
Ou dans l'instant qu'on se rende à mes loix.
Que dans vos cœurs la charité s'éveille.
George insolent ramassez cette oreille,
Ramassez dis-je, & vous Monsieur Denis
Prenez ce nez avec vos doigts bénis ;
Que chaque chose en son lieu soit remise.
   Denis soudain va d'une main soumise
Rendre le bout au nez qu'il fit camus.
George à Denis rend l'oreille dévotte
Qui lui coupa. Chacun des deux marmotte
A Gabriel un gentil Orémus.
Tout se rajuste ; & chaque cartilage
Va se placer à l'air de son visage.
Sang, fibres, chair, tout se consolida,
Et nul vestige aux deux Saints ne resta
De nez coupé, ni d'oreille abattuë ;
Tant les Saints ont la chair ferme & dodüe.
   Puis Gabriel d'un ton de Président
Çà qu'on s'embrasse ; il dit, & dans l'instant
Le doux Denis sans fiel & sans colère

De

De bonne foi baisa son adversaire.
Mais le fier George en l'embrassant jurait,
Et promettait que Denis le payerait,
Le bel Arcange après cette ambrassade
Prend mes deux Saints; & d'un air gracieux,
A ses côtés les fait voguer aux Cieux,
Où de Nectar on leur verse razade.
Peu de Lecteurs croiront ce grand combat;
Mais sous les murs qu'arrosait le Scamandre
N'a-t-on pas vu jadis avec éclat
Les Dieux armés, de l'Olimpe descendre?
M'a-t-on pas vu chez le sage Milton
D'Anges aîlés toute une Légion
Rougir de sang les célestes campagnes,
Jetter au nez quatre ou cinq cent montagnes,
Et qui pis est avoir du gros canon?
Pardonnez-moi le peu de fiction
Qui sous les noms de Denis & de George
Vous a dépeint les peuples d'Albion,
Et les Français qui se coupaient la gorge.
    Mais dans le Ciel si la paix revenait,
Il en était autrement sur la terre,
Séjour maudit de discorde & de guerre.
Le bon Roi Charle en cent endroits courait,
Nommait Agnès, la cherchait, & pleurait.
Et cependant Jeanne la foudroyante
De son épée invincible & sanglante
Au fier Warton le trépas préparait;
Elle l'atteint vers l'énorme partie
Dont cet Anglais profana le Couvent.
Warton chancéle, & son glaive tranchant
Quitte sa main par la mort engourdie.
Il tombe, & meurt en reniant les Saints.
Le vieux troupeau des antiques Nonains
Voyant aux pieds de l'Amazone Auguste

E 5   Le

Le Chevalier fanglant & trébuché,
Difant *ave*, s'écriait il eft jufte
Qu'on foit puni par où l'on a péché.
Sœur Rebondi qui dans la facriftie
A fuccombé fous le vainqueur impie,
Pleurait le traitre en rendant grace au Ciel;
Et mefurant des yeux le criminel,
Elle difait d'une voix charitable ;
Hélas, hélas, nul ne fut plus coupable.

LIVRE DIXIEME.

Monrofe tuë l'Aumonier. Charles retrou-
ve Agnès qui fe confolait avec Monro-
fe dans le Chateau de Cutendre.

J'Avais juré de laiffer la morale,
  De conter net, de fuir les longs difcours.
Mais que ne peut ce grand Dieu des amours?
Il eft bavard & ma plume inégale
Va griffonnant de fon bec éffilé
Ce qu'il infpire à mon cerveau brulé.
Jeunes beautés, filles, veuves, ou femmes,
Qu'il enrola fous fes drapeaux charmants,
Vous qui lancez & recevez fes flammes,
Or dites moi, quand deux jeunes amans
Egaux en grace, en mérite, en talents,
Aux doux plaifir tous deux vous follicitent,
Egalement vous preffent, vous excitent,
Mettent feu vos fenfibles apas;
Vous éprouvez un étrange embarras.

Con

Connaiſſez vous cette hiſtoire frivole
D'un certain âne, illuſtre dans l'école?
Dans l'écurie on vient lui préſenter
Pour ſon diner deux meſures égales
De même forme, à pareils intervales,
Des deux côtés l'ane ſe vit tenter
Egalement, & dreſſant ſes oreilles
Juſte au milieu des deux formes pareilles,
De l'équilibre accompliſſant les Loix,
Mourut de faim de peur de faire un choix.
N'imitez pas cette philoſophie
Daignez plutôt honorer tout d'un temps
De vos bontez vos deux jeunes amants,
Et gardez vous de riſquer vôtre vie.
    A quelque pas de ce joli couvent
Si pollué, ſi triſte & ſi ſanglant,
Ou le matin vingt Nones affligées
Par l'Amazone ont été trop vangées;
Près de la loire était un vieux chateau
A pont-levis, machi coulis, tourelles,
Un long canal tranſparant, à fleur d'eau,
En ſerpentant tournait auprès d'icelles,
Puis embraſſait en quatre cent jets d'arc
Les murs épais qui deffendaient le parc.
Un vieux Baron ſurnommé de Cutendre
Etait Seigneur de cet heureux logis.
En ſureté chacun pouvait s'y rendre.
Le vieux Seigneur dont l'ame eſt bonne & tendre,
En avait fait l'azile du pays.
Français Anglais, tous étaient ſes amis.
Tout voyageur en coche, en botte, en guêtre,
Ou Prince, ou moine, où nonne, ou turc, ou prêtre,
Y recevaient un accueil gracieux.
Mais il falait qu'on entrat deux à deux;
Car tout Baron a quelque fantaiſie.

E i

Et celui-ci pour jamais réfolut
Qu'en fon Chatel en nombre pair on fut:
Jamais impair. Telle était fa folie.
Quand deux-à-deux on abordait chez lui ;
Tout allait bien : mais malheur à celui
Qui venait feul en ce logis fe rendre,
Il foupait mal ; il lui fallait attendre
Qu'un compagnon format ce nombre heureux
Nombre parfait qui fait que deux font deux.
　La fiére Jeanne ayant repris fes armes
Qui cliquetaient fur fes robuftes charmes,
De vers la nuit y conduifit au frais
En devifant la belle & douce Agnès.
Cet Aumonier qui la fuivait de près
Cet Aumonier ardent, infatiable
Arrive aux murs du logis charitable.
Ainfi qu'un loup qui mache fous fa dent
Le fin duvet d'un jeune agneau bélant,
Plein de l'ardeur d'achever fa curée
Va du bercail efcalader l'entrée:
Tel enflammé de fa lubrique ardeur
L'Oeuil tout en feu l'Aumonier raviffeur
Allait cherchant les reftes de fa joye
Qu'on lui ravit lorfqu'il tenait fa proye ;
Il fonne: il crie, on vient ; on aperçut
Qu'il était feul ; & foudain il parut
Que ces deux bois dont les forces mouvantes
Font ébranler les folives tremblantes.
Du pont levis, par les airs s'élevaient,
Et s'élevant le pont levis hauffaient.
A ce fpectacle, à cet ordre du maître,
Qui jura DIEU, ce fut mon vilain prêtre;
Il fuit des yeux les deux mobiles bois ;
Il tend les mains, veut crier, perd la voix.
On voit fouvent du haut d'une goutiére

Defcen-

Defcendre un chat auprès d'une voliére
Tendant la griffe a travers des barreaux,
Qui contre lui deffendent les oifeaux.
Il fuit des yeux cette efpéce emplumée
Qui fe tapit au fonds d'une ramée.
Nôtre Aumonier fut encor plus confus
Alors qu'il vit fous des ormes touffus
Un beau jeune homme à la treffe dorée,
Au fourcil noir, à la mine affurée,
Aux yeux brillants au menton cotonné,
Au teint fleuri par les graces orné,
Tout raionnant des couleurs du bel âge:
C'était l'amour ou c'était mon beau page:
C'était Monrofe. Il avait tout le jour,
Cherché l'objet de fon naiffant amour.
Dans le Couvent reçu par les Nonnettes,
Il aparut à ces filles difcrettes,
Non moins charmant que l'Ange Gabriel,
Pour les bénir venant du haut du Ciel.
Les tendres fœurs voyant le beau Monrofe
Sentaient rougir leurs vifages de rofe,
Difant tout bas ah que n'était - il là,
DIEU paternel quand on nous viola!
Toutes en cercle autour de lui fe mirent
Parlant fans ceffe, & lorfqu'elles aprirent
Que ce beau page allait chercher Agnès,
On lui donna le courfier le plus frais,
Avec un guide; afin que fans éfclandre
Il arrivat au Chateau de Cutendre.
  En arrivant il vit près du chemin
Non loin du pont l'Aumonier inhumain.
Lors tout émû de joye & de colère
Ah, ç'eft donc toi prêtre de Belzebut!
Je jure ici Chandos & mon falut,
Et plus encor les yeux qui m'ont fçu plaire;
                                        Que

Que tes forfaits vont enfin fe payer.
Sans repartir le bouillant Aumonier
Prend d'une main par la rage tremblante
Un Piftolet, en preffe le détente
Le chien s'abat le feu prend, le coup part ;
Le plomb chaffé fiffle & vole au hazard,
Suivant au loin la ligne mal mirée
Que lui traçait une main égarée.
Le page vife, & par un coup plus fur
Atteint le front, ce front horrible & dur,
Ou fe peignait une ame déteftable.
　　L'Aumonier tombe & le page vainqueur
Sentit alors dans le fond de fon cœur
De la pitié le mouvement aimable.
Hélas, dit-il meurs du moins en Chrêtien;
Dis *Te Deum*, tu vécus comme un chien ;
Demande au Ciel pardon de ta Luxure
Prononce *Amen*, donne ton âme à DIEU.
Non, répondit le maraud à tonfure
Je fuis damné, je vais au Diable, adieu.
Il dit & meurt : fon ame déloiable
Alla groffir la cohorte infernale.
　　Tandis qu'ainfi ce monftre impénitent
Allait rotir aux brafier de Satan,
Le bon Roi Charle accablé de trifteffe
Allait cherchant fon errante maitreffe :
Se promenant pour calmer fa douleur
De vers la Loire avec fon confeffeur.
Il faut ici Lecteur que je remarque
En peu de mots ce que c'eft qu'un Docteur,
Qu'en fa jeuneffe un amoureux Monarque
Par étiquette a pris pour directeur.
C'eft un mortel tout pétri d'indulgence,
Qui doucement fait pancher dans fes mains,
Du bien du mal la trompeufe balance,

Vous

Vous mêne au Ciel par d'aimable chemins
Et fait pêcher fon Maître en confcience :
Son ton, fes yeux, fon gefte compofant,
Obfervant tout, flattant avec adreffe
Le favori, le maître, la maîtreffe;
Toujours accort, & toujours complaifant.
   Le confeffeur du Monarque Gallique
Etait un fils du bon Saint Dominique.
Il s'apellait le Pére Bonnifoux,
Homme de bien; fe faifant tout à tous.
Il lui difait d'un ton devot & doux,
Que je vous plains! la partie animale
Prend le deffus : La chofe eft bien fatale.
Aimer Agnès eft un péché vraiment;
Mais ce péché fe pardonne aifément.
Au tems jadis il était fort en vogue
Chez les Hebreux malgré le Décalogue.
Cet Abraham, ce pére des Croians
Avec Agar s'avifa d'être père :
Car fa fervante avait des yeux charmants
Qui de Sara méritent la colère.
Jacob le jufte époufa les deux fœurs
Tout Patriarche a connû les douceurs
Du changement dans l'amoureux miftère.
Le vieux Booz en fon vieux lit reçut
Après moiffon la bonne & vieille Ruth.
Et fans conter la belle Betzabée
Du bon David l'ame fut abforbée
Dans les plaifirs de fon ample ferrail.
Son vaillant fils fameux par fa criniére
Un beau matin par grace finguliére
Vous repaffa tout ce gentil bercail.
De Salomon vous favez le partage.
Comme un Oracle on écoutait fa voix;
Il s'avait tout & des Rois le plus fage

Etait

Etait auſſi le plus galant des Rois.
De leurs péchés ſi vous ſuivez la trace,
Si vos beaux ans ſont livrés à l'amour;
Conſolez-vous; la ſageſſe, a ſon tour.
Jeune on s'égare, & vieux on obtient grace.
 Ah dit Charlot ce diſcours eſt fort bon.
Mais que je ſuis bien loin de Salomon!
Que ſon bonheur augmente mes détreſſes!
Pour ſes ébats il eut ſept cent maitreſſes,
Je n'en ay qu'une; hélas je ne l'ai plus!
 Des pleurs alors ſur ſon nez répandus
Interrompaient ſa voix tendre & plaintive:
Lorſqu'il aviſe, en tournant vers la rive
Sur un cheval trottant d'un pas hardi
Un manteau rouge, un ventre rebondi,
Un vieux rabat; c'etait Bonneau lui même.
Un chacun ſait qu'après l'objet qu'on aime,
Rien n'eſt plus doux pour un parfait amant,
Que de trouver ſon très cher confident,
Le Roi perdant & reprenant haleine
Crie à Bonneau, quel Démon te ramène?
Que fait Agnès, dis, d'ouviens-tu? quel lieux
Sont embelis éclairez par ſes yeux?
Ou la trouver? dis-donc reponds-donc, parle.
 Aux queſtions qu'en filait le Roi Charle,
Le bon Bonneau conta de point en point
Comme il avait été mis en pourpoint;
Comme il avait ſervi dans la cuiſine,
Comme il avait par fraude clandeſtine
Et par miracle à Chandos échapé,
Quand à ſe battre on était occupé;
Comme on cherchait cette beauté divine;
Sans rien omettre il raconta fort bien
Ce qu'il ſavait; mais il ne ſavait rien.
Il ignorait la fatale avanture

Du

Du prêtre Anglais la brutale luxure,
Du page aimé l'amour respectueux,
Et du Couvent le sac incestueux.

Après avoir bien expliqué leurs craintes,
Reprit cent fois le fil de leurs complaintes,
Maudit le sort & les cruels Anglais,
Tous deux étaient plus tristes que jamais.
Il était nuit ; le char de la grande ourse,
Vers son Nadir, avait fourni sa course
Le Jacobin dit au Prince pensif,
Il est bien tard, soiez mémoratif
Que tout mortel, Prince, ou moine à cette heure
Devrait chercher quelque honnete demeure,
Pour y souper & pour passer la nuit.
Le triste Roi par le moine conduit,
Sans rien répondre, & ruminant sa peine
Le cou panché galoppe dans la plaine :
Et bientôt Charle & le prêtre & Bonneau
Furent tous trois aux fossés du chateau.

Non loin du pont était l'aimable page
Lequel ayant jetté dans le canal
Le corps maudit de son damné rival,
Ne perdait point l'objet de son voyage.
Il dévorait en secret son ennui
Voyant ce pont entre sa Dame & lui.
Mais quand il vit aux rayons de la Lune
Les trois Français, il sentit que son cœur
Du doux espoir éprouvait la chaleur :
Et d'une grace adroite & non commune
Cachant son nom, & sur-tout son ardeur :
Dès qu'il parut, dès qu'il se fit entendre
Il inspira je ne sai quoi de tendre ;
Il plut au Prince, & le moine benin
Le caraissait de son air patelin,
D'un œuil dévot & du plat de la main.

Le

Le nombre pair étant formé de quatre
On vit bientôt les deux fléches abattre
Le pont mobile; & les quatre courſiers
Font en marchant gémir les madriers.
Le gros Bonneau tout eſſouflé chemine
En arrivant droit devers la cuiſine,
Songe au ſouper. Le moine au même lieu,
Dévotement en rendit grace à Dieu.
Charle prenant un nom de Gentilhomme
Court à Cutendre avant qu'il prit ſon ſomme,
Le bon Baron lui fit ſon compliment,
Puis le mena dans ſon apartement.
Charle a beſoin d'un peu de ſolitude,
Il veut jouïr de ſon inquietude.
Il pleure Agnès. Il ne ſe doutait pas
Qu'il fut ſi près de ſes jeunes apas.
Le beau Monroſe en fut bien d'avantage.
Avec adreſſe il fit cauſer un page,
Il ſe fit dire ou repoſait Agnès,
Remarquant tout avec des yeux diſcrets.
Ainſi qu'un chat qui d'un regard avide
Guette au paſſage une ſouris timide,
Marchant tous doux, la terre ne ſent pas
L'impreſſion de ſes pieds délicats.
Dès qu'il l'a vuë il a ſauté ſur elle.
Ainſi Monroſe avançant vers la belle
Etend un bras, puis avance à tâtons
Poſant l'orteil, & hauſſant les talons.
Agnès, Agnès, il entre dans ta chambre.
Moins promptement la paille vole à l'ambre,
Et le fer ſuit moins ſimpatiquement
Le tourbillon qui l'unit à l'aimant.
Le beau Monroſe en arrivant ſe jette
A deux genoux au bord de la couchette,
Ou ſa maîtreſſe avait entre deux draps

Pour

Pour sommeiller arrangé ses apas.
De dire un mot aucun deux n'eut la force
Ni le loisir ; le feu prit à l'amorce,
En un clein d'œuil : un baiser amoureux
Unit soudain leurs bouches demi closes.
Leur ame vint sur leurs lévres de roses.
Agnès aida Monrose impatient
A dépouiller à jetter promptement
De ses habits l'incommode parure,
Déguisement qui pése à la nature,
Dans l'age d'or aux mortels inconnu,
Que hait surtout un Dieu qui va tout nû.
   Dieux ! quel objets ! est-ce Flore & Zéphire ;
Est-ce Psiché qui caresse l'amour ?
Est ce Vénus que le fils de Cinire,
Tient dans ses bras loin des rayons du jour,
Tandis que Mars est jaloux & soupire ?
   Le Mars Français, Charle au fond du chateau
Soupire alors avec l'ami Bonneau,
Mange à regret & boit avec tristesse.
Un vieux valet bavard de son métier
Pour égayer sa taciturne Altesse
Apprit au Roi sans se faire prier,
Que deux beautez, l'une robuste & fière
Aux cheveux noirs à la mine guerrière,
L'autre plus douce, aux yeux bleus, au teint frais ;
Couchaient alors dans le gentil hommière :
Charle étonné les soupçonne à ces traits
Il se fait dire & puis redire encore
Quels sont les yeux, la bouche, les cheveux,
Le doux parler, le maintien vertueux;
Du cher objet de son cœur amoureux.
C'est elle enfin, c'est tout ce qu'il adore ;
Il en est sur, il quitte son repas.
Adieu Bonneau ; je cours entre ses bras.

II

Il dit & vole & non pas fans fracas :
Il était Roi cherchant peu les miftère.
 Plein de fa joye il repette & redit
Le nom d'Agnès tant qu'Agnès l'entendit.
Le couple heureux en trembla dans fon lit.
Que d'embarras ? comment fortir d'affaire ?
Voici comment le beau Page s'y prit.
Près du Lambris dans une grande armoire,
On avait mis un petit oratoire ;
Autel de poche, où lorfque l'on voulait
Pour quinze fous un Capucin venait.
Sur le rétable en voute pratiquée
Eft une niche en attendant fon Saint.
D'un rideau vert la niche était mafquée.
Que fait Monrofe ? un beau penfer lui vint
De s'ajufter dans la niche facrée,
En bien heureux, derrière le rideau,
Il fe tapit, fans pourpoint, fans manteau.
Le Prince approche, & prefque dès l'entrée
Il faute au cou de fa belle adorée ;
Et tout en pleurs il veut jouïr des droits
Qu'ont les Amans, fur tout quand ils font Rois.
Le Saint caché frémit à cette vûe :
Il fait du bruit & la table remuë :
Le Prince approche il y porte la main
Il fent un corps, il recule il s'écrie
Amour, Satan, Saint François, Saint Germain,
Moitié frayeur, & moitié jaloufie.
Puis tire à lui ; fait tomber fur l'autel
Avec grand bruit le rideau fous lequel
Se blotiffait cette aimable figure ;
Qu'à fon plaifir façonna la nature.
Son dos tourné par pudeur étalait
Ce que Céfar fans pudeur foumettait
A Licoméde en fa belle jeuneffe,

Ce que jadis le Héros de la Grèce
Admira tant dans son Epheſtion
Ce qu'Adrien mis dans le Panthéon
Que les Héros ô Ciel ont de faibleſſe !
Si mon Lecteur n'a point perdu le fil
De cette hiſtoire, au moins ſe ſouvient-il
Que dans le camp la courageuſe Jeanne
Traça jadis au bas du dos profane
D'un doigt conduit par Monſieur Saint Denis,
Adroitement trois belles fleurs de Lys.
Cet écuſſon, ces trois fleurs, ce derrière
Emurent Charle : il ſe mit en prière.
Il croit que c'eſt un tour de Belzébut.
De repentir & de douleur atteinte,
La belle Agnès s'évanoüit de crainte.
Le Prince alors dont le trouble s'acrut,
Lui prend les mains ; qu'on vole ici vers elle.
Accourez tous ; le Diable eſt chez ma belle.
Aux cris du Roi le Confeſſeur troublé
Non ſans regret quitte auſſitot la table ;
L'ami Bonneau monte tout eſſouflé,
Jeanne s'éveille, & d'un bras redoutable
Prenant ce fer que la victoire ſuit,
Cherche l'endroit d'ou partait tout le bruit.
Et cependant le Baron de Cutendre
Dormait à l'aiſe & ne put rien entendre.

LIVRE ONZIEME.

*Sortie du Chateau de Cutendre. Combat
de la Pucelle & de Jean Chandos : étrange loi du combat à la quelle la Pucelle
est soumise ; vision , miracle qui sauve
l'honneur de Jeanne.*

EN accourant la fiére Jeanne d'Arc
  D'une lucarne aperçut dans le parc
Cent palefrois , une brillante troupe
De Chevaliers portant Dames en croupe,
Et d'Ecuyers qui tenaient dans leurs mains
Tout l'attirail des combats inhumains ;
Cent boucliers où des nuits la courière
Reflêchissait sa tremblante lumière ,
Cent casques d'or d'aigrettes ombragés ,
Et les longs bois d'un fer pointu chargés ;
Et des rubans dont les touffes dorées
Pendaient au bout des lances acérées.
Voyant cela Jeanne crut fermement
Que les Anglais avaient surpris *Cutendre*
Mais Jeanne d'Arc se trompa lourdement.
En fait de guerre on peut bien se méprendre
Ainsi qu'ailleurs : mal voir & mal entendre
De l'Héroïne était souvent le cas.
Et Saint Denis ne l'en corrigea pas.
 Ce n'était point des enfans d'Angleterre
Qui de Cutendre avaient surpris la terre,
C'était Dunois de Milan revenu ,
Le grand Dunois à Jeanne si connu,

Qui ramenait la belle Dorothée.
Elle était d'aife & d'amour tranfportée;
Elle en avait fujet affurément:
Car auprès d'elle était fon cher Amant.
Ce cher Amant, ce tendre la Trimouille
Pour qui fon œuil de pleurs fouvent fe mouille;
L'ayant cherchée à travers cent combats
L'avait trouvée & ne la quittait pas.
  En nombre pair cette troupe dorée
Dans le chateau la nuit était entrée.
Jeanne y vola: le bon Roi qui la vit
Crut qu'elle allait combattre, & la fuivit,
Et dans l'erreur qui trompait fon courage,
Il laiffe encor Agnès avec fon Page.
  O Page heureux, & plus heureux cent fois
Que le plus grand le plus Chrêtien des Rois,
Que de bon cœur alors tu rendis grace
Au benoit Saint donc tu tenais la place!
Il te fallut r'habiller promptement.
Tu rajuftas ta trouffe diaprée.
Agnès t'aidait d'une main timorée
Qui s'égarait & fe trompait fouvent.
Que de baifers fur fa bouche de rofe
Elle reçut en r'habillant Monrofe,
Que fon bel œuil le voyant rajufté,
Semblait encor chercher la volupté!
Monrofe au parc defcendit fans rien dire.
Le Confeffeur tout faintement foupire
Voyant paffer ce beau jeune garçon,
Qui lui donnait de la diftraction.
La douce Agnès compofâ fon vifage,
Ses yeux, fon air, fon maintien, fon langage.
Auprès du Roi Bonifoux fe rendit,
Le confola, le raffura, lui dit
Que dans la niche un envoyé célefte

                   Etait

Etait d'enhaut venu pour annoncer
Que des Anglais la puiſſance funeſte,
Touchait au terme, & que tout doit paſſer;
Que le Roi Charle obtiendrait la victoire.
Charle le crut, car il aimait à croire.
La fière Jeanne appuya ce diſcours.
Du Ciel, dit-elle, acceptons le ſecours.
Venez, grand Prince; & rejoignons l'armée;
De vôtre abſence à bon droit alarmée.

Sans balancer la Trimouille & Dunois
De cet avis furent à haute voix.
Par ces Héros la belle Dorothée
Honnêtement au Roi fut préſentée.
Agnès la baiſe, & le noble eſcadron
Sortit enfin du logis du Baron.

Le juſte Ciel aime ſouvent à rire
Des paſſions du ſublunaire empire.
Il regardait cheminer dans les champs
Cet eſcadron de Héros & d'Amants.
Le Roi de France allait près de ſa belle
Qui s'efforçant d'être toujours fidèlle,
Sur ſon cheval la main lui preſentait,
Serrait la ſienne, exhalait ſa tendreſſe;
Et cependant ô comble de faibleſſe !
De tems en tems le beau page lorgnait.
Le Confeſſeur pſalmodiant ſuivait,
Des voyageurs récitait la prière,
S'interrompait en voyant tant d'altraits,
Et regardait avec des yeux diſtraits
Le Roi, le Page, Agnès, & ſon bréviaire.
Tout brillant d'or, & le cœur plein d'amour
Ce la Trimouille ornement de la Cour
Caracollait auprès de Dorothée
Yvre de joye & d'amour tranſportée,
Qui le nommait ſon cher libérateur,

Son

Son cher Amant, l'idole de son cœur.
Jeanne auprès d'eux, ce fier soutien du Trône,
Portant corset & jupon d'Amazone,
Le chef orné d'un petit chapeau vert,
Enrichi d'or & de plumes couvert,
Sur son fier âne étalait ses gros charmes,
Parlait au Roi, courait, allait le pas,
Se rengorgeait, & soupirait tout bas
Pour le Dunois compagnon de ses armes;
Car elle avait toujours le cœur ému
Se souvenant de l'avoir vû tout nû.
Bonneau portant barbe de Patriarche
Suant, soufflant, Bonneau fermait la marche.
O d'un grand Roi serviteur prétieux!
Il pense à tout; il a soin de conduire
Deux gros mulets tous chargés de vin vieux,
Longs saucissons, patés délicieux,
Jambons, poulets où cuits ou prêts à cuire.
  On avançait: alors que Jean Chandos
Cherchant partout son Agnès & son Page,
Au coin d'un bois, près d'un certain passage,
Le fer en main rencontra nos Héros.
Chandos avait une suite assez belle
De fiers Bretons, pareille en nombre à celle
Qui suit les pas du Monarque amoureux.
Mais elle était d'espèce différente:
On n'y voyait ni tétons ni beaux yeux.
Oh, oh, dit il d'une voix menaçante,
Galants Français objets de mon courroux
Vous aurez donc trois filles avec vous,
Et moi Chandos je n'en aurai pas une?
Çà combattons: je veux que la fortune
Décide ici qui fait le mieux de nous
Mettre à plaisir ses ennemis dessous,
Frapper d'estoc & pointer de sa lance.

F   Que

Que de vous tous le plus ferme s'avance ;
Qu'on entre en lice ; & celui qui vaincra
L'une des trois à son aise tiendra.
　　Le Roi piqué de cette offre cinique
Veut l'en punir, s'avance, prend sa pique.
Dunois lui dit : ah laissez-moi Seigneur
Vanger mon Prince & des Dames l'honneur.
Il dit & court : la Trimouille l'arrête ;
Chacun prétend à l'honneur de la fête.
L'ami Bonneau toujours de bon accord
Leur proposa de s'en remettre au sort.
Car c'est ainsi que les Guerriers antiques,
En ont usé dans les tems héroïques :
Même aujourdhui dans quelques Républiques
Plus d'un emploi plus d'un rang glorieux.
Se tire aux dez, & tout en va bien mieux,
Le gros Bonneau tient le cornet, soupire
Craint pour son Roi, prend les dez, roule, tire,
Denis du haut du célèbre rempart
Voyant le tout d'un paternel regard,
Et contemplant la Pucelle & son âne
Il conduisait ce qu'on nomme hazard.
Il fut heureux, le sort échut à Jeanne.
Jeanne, c'était pour vous faire oublier
L'infame jeu de ce grand Cordelier
Qui ci-devant avait rafflé vos charmes.
　　Jeanne à l'instant court au Roi, court aux armes,
Modestement va derrière un buisson
Se délasser, détacher son jupon,
Et revêtir son armure sacrée,
Qu'un Ecuyer tient déja préparée.
Puis à cheval elle monte en couroux ;
Branlant sa lance & serrant les genoux.
Elle invoquait les onze mille belles.
Du pucelage Héroïnes fidèles ;

Pour

Pour Jean Chandos, cet indigne Chrêtien
Dans les combats n'invoquait jamais rien.
　Jean contre Jeanne avec fureur avance
Des deux côtez égale eſt la vaillance,
Ane & cheval bardés, coëffés de fer
Sous l'éperon partent comme un éclair,
Vont ſe heurter, & de leur tête dure
Front contre front fracaſſent leur armure ;
La flamme en ſort, & le ſang du Courſier
Teint les éclats du voltigeant acier.
Du choc affreux les échos rétentiſſent,
Des deux courſiers les huit pieds réjailliſſent,
Et les guerriers du coup déſarçonnez
Tombent chacun ſur la croupe étonnez.
Ainſi qu'on voit deux boules ſuſpenduës
Aux bouts egaux de deux cordes tenduës
Dans une courbe au même inſtant partir,
Hater leur cours, ſe heurter, s'aplatir,
Et remonter ſous le choc qui les preſſe
Multipliant leur poids par leur viteſſe.
Chaque parti crut morts les deux courſiers,
Et treſſaillit pour les deux chevaliers.
　Or des Français la championne auguſte
N'avait la chair ſi ferme ſi robuſte,
Les os ſi durs, les membres ſi diſpos,
Si muſculeux, que le fier Jean Chandos.
Son équilibre ayant dans cette rixe
Abandonné la ligne & ſon point fixe,
Son quadrupêde un haut le corps lui fit,
Qui dans le pré Jeanne d'Arc étendit
Sur ſon beau dos, ſur ſa cuiſſe gentille
Et comme il faut que tombe toute fille.
Chandos penſait qu'en ce grand déſaroi
Il avait mis où Dunois où le Roi.
Il veut ſoudain contempler ſa conquête

La

Le cafque ôté, Chandos voit une tête
Où languiffaient deux grands yeux noirs & longs;
De la cuiraffe il défait les cordons.
Il voit ô Ciel, ô plaifir, ô merveille
Deux gros têtons de figure pareille,
Unis, polis, féparés, demi ronds
Et furmontés de deux petits boutons
Qu'en fa naiffance à la rofe vermeille.
On tient qu'alors en élevant la voix
Il bénit DIEU pour la premiére fois.
Elle eft à moi la Pucelle de France
S'écria t-il, contentons ma vangeance.
J'ai grace au Ciel doublement mérité
De mettre à bas cette fiére beauté.
Que Saint Denis me regarde & m'accufe;
Mars & l'amour font mes droits, & j'en ufe.

  Son Ecuyer difait, pouffez Mylord;
Du Trône Anglais affermiffez le fort.
Frére Lourdis envain nous décourage;
Il jure en vain que ce faint pucelage
Eft des Troyens le grand Palladium,
Le bouclier facré du Latium;
De la victoire il eft dit-il, le gage;
C'eft l'oriflamme: il faut vous en faifir.
Ouï, dit Chandos & j'aurai pour partage
Les plus grands biens, la gloire & le plaifir.

  Jeanne pamée écoutait ce langage
Avec horreur; & faifait mille vœux
A Saint Denis ne pouvant faire mieux.
Le grand Dunois d'un courage héroïque
Veut empêcher le triomphe impudique.
Mais comment faire? il faut dans tout état
Qu'on fe foumette à la loi du combat.
Les fers en l'air & la tête panchée,
L'oreille baffe & du choc écorchée

Languif-

Languiſſamment le céleſte baudet
D'un œuil confus Jean Chandos regardait.
Il nourriſſait dès longtems dans ſon ame
Pour la Pucelle une diſcrette flâme,
Des ſentimens nobles & délicats
Très peu connu des ânes d'ici bas,
   Le Confeſſeur du bon Monarque Charle
Tremble en ſa chair alors que Chandos parle.
Il craint ſurtout que ſon cher Pénitent
Pour ſoutenir la gloire de la France,
Qu'on avilit avec tant d'impudence,
A ſon Agnès n'en veuille faire autant !
Et que la choſe encor ſoit imitée
Par la Trimouille & par ſa Dorothée.
Au pied d'un chêne il entre en oraiſon
Et fait tout bas ſa méditation
Sur les effets, la cauſe, la nature
Du doux pêché qu'aucuns nomment luxure.
   En méditant avec attention
Le Benoit moine eut une viſion,
Aſſez ſemblable au prophétique ſonge
De ce Jacob, heureux par un menſonge,
Pate. pelu dont l'eſprit lucratif
Avait vendu ſes lentilles en Juif.
Ce vieux Jacob ô ſublime miſtère !
Devers l'Euphrate une nuit aperçut
Mille belliers qui grimpèrent en rut
Sur les brebis qui les laiſſèrent faire.
Le moine vit de plus plaiſants objets,
Il vit courir à la même avanture
Tous les Héros de la race future.
Il obſervait les différents attraits,
De ces beautés qui dans leur douce guerre
Donnent des fers aux maîtres de la terre.
Chacune était auprès de ſon Héros

Et

Et l'enchainait des chaines de paphos.
Tels au retour de Flore, & du Zéphire
Quand le Printems reprend son doux empire
Tous ces oiseaux peints de mille couleurs
Par leurs amours agitent les feuillages :
Les papillons se baisent sur les fleurs,
Et les lions courent sous les ombrages
A leurs moitiés qui ne font plus sauvages.
    C'est-là qu'il vit le beau François premier
Ce brave Roi, ce loyal Chevalier
Avec Etampe, heureusement oublie
Les autres fers qu'il reçut a Pavie.
Là Charle-quint joint le mirthe au laurier,
Sert à la fois la Flamande & la Maure.
Quels Rois ô Ciel! l'un à ce beau métier
Gagne la goutte, & l'autre pis encore.
Près de Diane on voit danser les ris,
Aux mouvements que l'amour lui fait faire
Quand dans ses bras tendrement elle serre
En se pamant le second des Henris.
De Charle neuf le successeur volage,
Quitte en riant sa Cloris pour un Page,
Sans s'allarmer des troubles de Paris.
    Mais quels combats le Jacobin vit rendre
Par Borgia le sixiéme Alexandre!
En cent tableaux il est représenté.
Là fans thiare & d'amour transporté
Avec Vanofe il se fait sa famille.
Un peu plus bas on voit sa Sainteté
Qui s'attendrit pour Lucréce sa fille.
O Léon dix, ô sublime Paul trois!
A ce beau jeu vous passiez tous les Rois,
Mais vous cédez à mon grand Béarnois,
A ce Vainqueur de la Ligue rebelle,
A mon Héros plus connu mille fois

Par les plaifirs que gouta Gabrielle,
Que par vingt ans de travaux & d'exploits.
   Bientôt on voit le plus beaux des fpectacles,
Ce fiécle heureux, ce fiécle des miracles,
Ce grand Louis, cette fuperbe Cour
Où tous les Arts font inftruits par l'amour.
L'amour bâtit le fuperbe Verfailles,
L'amour aux yeux des peubles éblouïs,
D'un lit de fleurs fait un Trône à Louis,
Malgré les cris du fier Dieu des batailles :
L'amour améne au plus beau des humains
De cette Cour les rivales charmantes,
Toutes en feu, toutes impatientes,
De Mazarin la nièce aux yeux divins,
La généreufe & tendre la Valière,
La Montefpan plus ardente & plus fiére.
L'une fe livre au moment de jouïr,
Et l'autre attend le moment du plaifir.
   Voici le tems de l'aimable Régence
Tems fortuné, marqué par la licence,
Où la folie agitant fon grelot
D'un pied leger parcourt toute la France,
Où nul mortel ne daigne être dévot,
Où l'on fait tout excepté pénitence.
Le bon Régent de fon Palais Royal
Des voluptés donne à tous le fignal.
Vous répondez à ce fignal aimable
Jeune Daphné bel aftre de la Cour;
Vous répondez du fein du Luxembourg,
Vous que Bacchus & le Dieu de la table
Ménent au lit, efcortez par l'amour,
Mais je m'arrête, & de ce dernier âge
Je n'ofe en vers tracer la vive image.
Trop de péril fuit ce charme flatteur.
Le tems préfent eft l'arche du Seigneur

F 4

Qui

Qui la touchait d'une main trop hardie
Puni du Ciel tombait en létargie.
Je me tairai ; mais fi j'ofais pourtant
O des beautés aujourdhui la plus belle,
O tendre objet, noble, fimple, touchant
Et plus qu'Agnès, généreufe & fidelle
Si j'ofais mettre à vos genoux charnus
Ce grain d'encens que l'on doit à Vénus !
Si de l'amour je déploiais les armes,
Si je chantais ce tendre & doux lien,
Si je difais.... non je ne dirai rien,
Je ferais trop au deffous de vos charmes.
    Dans fon extafe enfin le moine noir
Vit à plaifir ce que je n'ofe voir.
D'un œuil avide & toujours très modefte,
Il contemplait le fpectacle célefte.
De ces beautés de ces nobles amants,
De ces plaifirs deffendus & charmants.
Hélas, dit-il, fi les grands de la terre
Font deux à deux cette éternelle guerre ;
Si l'Univers doit en paffer par-là,
Dois-je gémir que Jean Chandos fe mette
A deux genoux auprès de fa brunette,
Du Seigneur DIEU la volonté foit faite.
Amen, amen, dit-il, & fe pâma,
Croyant jouïr de tout ce qu'il voit-là.
    Mais Saint Denis était loin de permettre
Qu'aux yeux du Ciel Jean Chandos allât mettre
Et la Pucelle & la France aux abois.
Ami lecteur vous avez quelque fois
Oüi conter qu'on nouait l'éguillette.
C'eft une étrange & terrible recette ;
Et dont un Saint ne doit jamais ufer,
Que quand d'une autre il ne peut s'avifer.
D'un pauvre amant le feu fe tourne en glace,

Vif

Vif & perclus fans rien faire il fe laffe ;
Dans fes efforts étonné de languir
Et confumé fur le bord du plaifir.
Telle une fleur des feux du jour féchée
La tête baffe, & la tige panchée,
Demande en vain les humides vapeurs
Qui lui rendaient la vie & les couleurs.
Voilà comment le bon Denis arrête
Le fier Anglais dans fes droits de conquête.
   Jeanne échapant à fon vainqueur confus,
Reprend fes fens quand il les a perdus,
Puis d'une voix impofante & terrible
Elle lui dit tu n'ès pas invincible.
Tu vois qu'ici dans le plus grand combat
Dieu t'abandonne & ton cheval s'abat.
Dans l'autre un jour je vangerai la France.
Denis le veut & j'en ai l'affurance ;
Et je te donne avec tes combattans
Un rendez vous fous les murs d'Orléans.
Le fier Chandos lui repartit ; ma belle
Vous m'y verrez pucelle où non pucelle :
J'aurai pour moi Saint George le très-fort,
Et je promets de réparer mon tort.

* * *
* *
*

LIVRE DOUZIEME.

Comment Jean Chandos veut abuser de la dévote Dorothée. Combat de la Trimouille & de Chandos. Ce fier Chandos est vaincu par Dunois.

O Volupté mére de la nature,
  Belle Vénus, seule Divinité
Que dans la Gréce invoquait Epicure,
Qui du Cahos chassant la nuit obscure,
Donnes la vie & la fécondité,
Le sentiment & la félicité,
A cette foule innombrable agissante
D'êtres mortels à ta voix renaissante :
Toi que l'on peint désarmant dans tes bras
Le Dieu du Ciel & le Dieu de la guerre ;
Qui d'un sourire écartes le tonnerre,
Calmes les flots, fais naître sous tes pas
Tous les plaisirs qui consolent la terre ;
Tendre Vénus, conduis en sureté
Le Roi des Francs qui défend sa patrie.
Loin des périls conduis à son côté
La belle Agnès à qui son cœur se fie.
Pour ces amants de bon cœur je te prie.
Pour Jeanne d'Arc je ne t'invoque pas ;
Elle n'est pas encor sous ton empire.
C'est à Dénis de veiller sur ses pas ;
Elle est pucelle, & c'est lui qui l'inspire,
Je recommande à tes douces faveurs
Ce la Trimouille & cette Dorothée,

Verse

verſe la paix dans leurs ſenſibles cœurs ;
De ſon amant que jamais écartée
Elle ne ſoit expoſée aux fureurs
Des ennemis qui l'ont perſécutée.
   Et toi Comus récompenſe Bonneau,
Répands tes dons ſur ce bon Tourangeau,
Qui ſut conclure un accord pacifique
Entre ſon Prince, & ce Chandos cinique.
Il obtint d'eux avec dexterité
Que chaque troupe irait de ſon côté
Sans nul reproche & ſans nulles querelles ;
A droite à gauche ayant la Loire entr'elles.
Sur les Anglais il étendit ſes ſoins,
Selon leurs gouts, leurs mœurs, & leurs beſoins.
Un gros Roſtbief que le beurre aſſaiſonne,
Des plumpuddings, de vins de la Garonne
Leur ſont offerts ; & les mets plus exquis
Les ragoûts fins dont les jus pique & flatte ;
Et les perdrix à jambes d'écarlatte,
Sont pour le Roi, les belles, les Marquis.
Le fier Chandos partit donc après boire,
Et cotoya les rives de la Loire,
Jurant tout haut que la premiére fois
Sur la pucelle il reprendrait ſes droits.
En attendant il reprit ſon beau Page.
Jeanne revint ranimant ſon courage
Se replacer à côté de Dunois.
   Le Roi des Francs avec ſa garde bleue,
Agnès en tête, un Confeſſeur en queue,
A remonté l'eſpace d'une lieue
Les bords fleuris où la Loire s'étend
D'un cours tranquile & d'un flot inconſtant.
   Sur des bâtreaux & des planches uſées
Un Pont joignait les rives oppoſées.
Une Chapelle était au bout du Pont.

                                 C'était

C'était Dimanche. Un hermite à fandale
Fait raifonner fa voix facerdotale.
Il dit la Meffe; un enfant la répond.
Charle & les fiens ont eu foin de l'entendre
Dès le matin au château de Cutendre;
Mais Dorothée en attendait toujours
Deux pour le moins, depuis qu'à fon fecours
Le jufte Ciel vengeur de l'innocence
Du grand bâtard employa la vaillance,
Et protegea fes fidèles amours.
Elle defcend, fe retrouffe, entre vîte,
Signe fa face en trois jets d'eau bénite,
Plie humblement l'un & l'autre genou,
Joint les deux mains & baiffe fon beau cou.
Le bon hermite en fe tournant vers elle,
Tout ébloui, ne fe connaiffant plus
Au lieu de dire un *fratres oremus*
Roulant les yeux dit *fratres, qu'elle eft belle!*
    Chandos entra dans la même Chapelle
Par paffe-tems beaucoup plus que par zèle.
La tête haute il falue en paffant
Cette beauté dévote à la Trimouille,
Et derrière elle en fifflant s'agenouille
Sans un feul mot de *pater*, où d'*avé*.
D'un cœur contrit au Seigneur élevé
D'un air charmant la tendre Dorothée
Se profternait par la grace excitée,
Front contre terre & derriére levé;
Son court jupon retrouffé par mégarde
A découvert deux jambes dont l'amour
A deffiné la forme & le contour,
Jambes d'yvoire, & telles que Diane
En laiffa voir au chaffeur Actéon.
Chandos alors faifant peu l'oraifon
Sentit au cœur un défir très-profane.

Sans nul refpect pour un lieu fi divin,
Il va gliffant une infolente main
Sous le jupon qui couvre un blanc fatin.
Je ne veux point par un crayon cinique,
Effarouchant l'efprit fage & pudique
De mes lecteurs, étaler à leurs yeux
Du grand Chandos l'effort audacieux.
    Mais la Trimouille ayant vû difparaître
Le tendre objet dont l'amour le fit maître,
Vers la Chapelle il adreffe fes pas.
Jufqu'où l'amour ne nous conduit il pas ?
La Trimouille entre au moment où le Prêtre
Se retournait, où l'infolent Chandos
Etait tout près du plus charmant des dos,
Où Dorothée effrayée, éperduë
Pouffait des cris qui vont fendre la nuë :
Je voudrais voir nos bons peintres nouveaux
Sur cette affaire exerçant leurs pinceaux
Peindre à plaifir fur ces quatre vifages
L'étonnement des quatre perfonnages ;
Le Poitevin criait à haute voix
Ofes-tu bien Chevalier difcourtois
Anglais fans frein, profanateur impie
Jufqu'en ces lieux porter ton infamie ?
D'un ton railleur où régne un air hautain
Se rajuftant, & regagnant la porte
Le fier Chandos lui dit, que vous importe ?
De cette Eglife êtes-vous Sacriftain ?
Je fuis bien plus, dit le Français fidèle,
Je fuis l'amant aimé de cette belle.
Ma coutume eft de vanger hautement
Son tendre honneur attaqué trop fouvent.
Vous pourriez bien rifquer ici le vôtre
Lui dit l'Anglais : nous favons l'un & l'autre
Nôtre portée, & Jean Chandos peut bien
                                    Lorgner

Lorgner un dos, mais non montrer le sien.
　Le beau Français & le Breton qui raille
Font préparer leurs chevaux de bataille.
Chacun reçoit des mains d'un Ecuyer
Sa longue lance & son rond bouclier,
Se met en selle, & d'une course fière
Passe, repasse, & fournit sa carrière.
De Dorothée & les cris & les pleurs
N'arrêtaient point l'un & l'autre adversaire.
Son tendre amant lui criait, beauté chère
Je cours pour vous, je vous vange où je meurs.
Il se trompait : sa valeur & sa lance
Brillaient en vain pour l'amour & la France
　Après avoir en deux endroits percé
De Jean Chandos le haubert fracassé,
Prêt à saisir une victoire sûre,
Son cheval tombe, & sur lui renversé
D'un coup de pied sur son casque faussé
Lui fait un front une large blessure.
Le sang vermeil coule sur la verdure,
L'hermite accourt ; il croit qu'il va passer
Crie *in manus*, & le veut confesser.
Ah Dorothée ! ah douleur inouïe !
Auprès de lui sans mouvement, sans vie,
Ton désespoir ne pouvait s'exhaler ;
Mais que dis-tu lorsque tu pu parler?
Mon cher amant ! c'est donc moi qui te tuë?
De tous tes pas la campagne assiduë
Ne devait pas un moment s'écarter ;
Mon malheur vient d'avoir pû te quitter.
Cette Chapelle est ce qui m'a perduë,
Et j'ai trahi la Trimouille & l'amour
Pour assister à deux Messes par jour !
Ainsi parlait sa tendre amante en larmes ;
　Chandos riait du succès de ses armes.

　　　　　　　　　　　　　　　　》 Mon

„Mon beau Français la fleur des Chevaliers
„Et vous auffi dévote Dorothée,
„Couple amoureux, foyez mes prifonniers,
„De nos combats c'eft la loi refpectée:
„Venez, je veux que ce Hèros vaincu
„foit en un jour & captif & cocu.
    Le jufte Ciel tardif en fa vengeance
Ne fouffrit pas cet excès d'infolence.
De Jean Chandos les péchez redoublés,
Filles garçons tant de fois violés,
Impieté, blafphême, impénitence,
Tout en fon tems fut mis dans la balance,
Et fut pefé par l'Ange de la Mort.
Le grand Dunois avait de l'autre bord
Vû le combat & la déconvenuë
De la Trimouille; une femme éperduë
Qui le tenait languiffant dans fes bras,
L'Hermite auprès qui marmotte tout bas,
Et Jean Chandos qui près deux caracole.
A ces objet il pique, il court, il vole.
    C'était alors l'ufage en Albion
Qu'on apellât les chofes par leur nom.
Déja du Pont franchiffant la barrière
Vers le vainqueur il s'était avancé.
Fils de putain nettement prononcé
Frappe au timpan de fon oreille altière.
Oui je le fuis, dit-il, d'une voix fière,
Tel fut Alcide, & le divin Bacchus,
L'heureux Perfée & le grand Romulus,
Qui des brigands ont délivré la terre.
C'eft en leur nom que j'en vais faire autant;
Va, fouvien-toi que d'un bâtard Normand
Le bras vainqueur à foumis l'Angleterre.
O vous batards du maître du tonnerre
Guidez ma lance & conduifez mes coups!
                        L'hom

L'honneur le veut, vangez-moi, vangez-vous.
Cette priére était peu convenable.
Mais le Héros s'avait très-bien la fable,
Pour lui la Bible eut des charmes moins doux.
Il dit & part. Les Molettes dorées
Des éperons armés de courtes dents
De son courfier piquent les nobles flancs.
Le premier coup de fa lance acerée
Fend de Chandos l'armure diaprée,
Et fait tomber une part du collet
Dont l'acier joint le casque au corcelet.
    Le brave Anglais porte un coup éffroïable ;
Du bouclier la voute impénétrable
Reçoit le fer qui s'écarte en gliffant.
Les deux guerriers fe joignent en paffant ;
Leur force augmente ainfi que leur colère.
Chacun faifit fon robufte adverfaire,
Les deux courfiers fous eux fe dérobants
Débaraffez de leurs fardeaux brillants
S'en vont en paix errer dans les Campagnes ;
Tels que l'on voit dans d'affreux tremblements
Deux gros rochers détachés des montagnes,
Avec grand bruit l'un fur l'autre roulans.
Ainfi tombaient ces deux fiers combattans,
Frappant la terre & tous deux fe ferrans.
Du choc bruïant les échos retentiffent,
L'air s'en émeut, les Nimphes en gémiffent.
Ainfi quand Mars fuivi par la terreur,
Couvert de fang, armé par fa fureur,
Du haut des Cieux defcendait pour défendre
Les habitans des rives de Scamandre,
Et quand Pallas animait contre lui
Cent Rois ligués dont elle était l'apui,
La terre entiére en était ébranlée :
De l'achéron la rive était troublée,

Et paliffant fur fes horribles bords
Pluton tremblait pour l'Empire des morts.

Les deux héros fiérement fe relèvent,
Les yeux en feu fe regardent, s'obfervent,
Tirent leur fabre, & fous cent coups divers
Rompent l'acier dont tous deux font couverts.
Déja le fang coulant de leurs bleffures
D'un rouge noir avait teint leurs armures.
Les fpectateurs en foule fe preffants
Faifaient un cercle autour des combattans,
Le cou tendu, l'œil fixé, fans haleine,
N'ofant parler & remuant à peine.
On en vaut mieux quand on eft regardé,
L'œuil du public eft aiguillon de gloire.
Les champions n'avaient que préludé
A ce combat d'éternelle memoire.
Achille, Hector, & tous les demi-Dieux,
Les grenadiers bien plus terribles qu'eux,
Et les lions beaucoup plus redoutables
Sont moins cruels, moins fiers, moins implacables,
Moins achranés. Enfin l'heureux bâtard
Se ranimant, joignant la force à l'art
Saifit le bras de l'Anglais qui s'égare,
Fait d'un revers voler fon fer barbare,
Puis d'une jambe avancée à propos
Sur l'herbe rouge étend le grand Chandos;
Mais en tombant fon ennemi l'entraine.
Couverts de poudre ils roulent dans l'Aréne,
L'Anglais deffous & le Français deffus.

Le doux vainqueur dont les nobles vertus
Guident fon cœur quand fon fort eft profpère,
De fon genou preffant fon adverfaire
Rends-toi, dit-il; Ouï dit Chandos, attends,
Tien, c'eft ainfi Dunois que je me rends.
Tirant alors pour reffource dernière

Un

Un ftilet court, il étend en arrière
Son bras nerveux, le ramene en jurant,
Et frappe au cou fon vainqueur bienfaifant,
Mais une maille en cet endroit entière
Fit émouffer la pointe meurtière.
Dunois alors cria, tu veux mourir,
Meurs fcélerat; & fans plus difcourir
Il vous lui plonge avec peu de fcrupule
Son fer fanglant devers la clavicule.
Chandos mourant, fe débattans en vain
Difait encor tout bas *fils de putain* !
Son cœur altier, inhumain, fanguinaire
Jufques au bout garda fon caractère.
Ses yeux fon front d'une fombre horreur;
Son gefte encor ménaçait fon vainqueur.
Son ame, impie, inflexible, implacable
Dans les Enfers alla braver le Diable.
Ainfi finit comme il avait vécu
Ce dur Anglais par un Français vaincu.
  Le beau Dunois ne prit point fa dépouille,
Il dédaignait ces ufages honteux
Trop établis chez les Grecs trop fameux.
Tout occupé de fon cher la Trimouille,
Il le raméne, & deux fois fon fecours
De Dorothée ainfi fauva les jours.
Dans le chemin elle foutient encore
Son tendre amant qui de fes mains preffé,
Semble revivre & n'être plus bleffé
Que de l'éclat de ces yeux qu'il adore.
Il les regarde & reprend fa vigueur.
Sa belle amante au fein de la douleur;
Sentit alors le doux plaifir renaître,
Les agrémens d'un fourire enchanteur
Parmi fes pleurs commençaient à paraître.
Ainfi qu'on voit un nuage éclairé

Des doux raïons d'un Soleïl temperé.
  Le Roi Gaulois, fa maîtreffe charmante,
L'illuftre Jeanne embraffent tour à tour
L'heureux Dunois, dont la main triomphante
Avait vangé fon pays & l'amour.
On admirait furtout fa modeftie,
Dans fon maintien, dans chaque repartie.
Il eft aifé, mais il eft beau pourtant
D'être modefte alors que l'on eft grand.
Jeanne étouffait un peu de jaloufie,
Son cœur tout bas fe plaignait du deftin.
Il lui fachait que fa pucelle main
Du mécréant n'eut pas tranché la vie :
Se fouvenant toûjours du double affront,
Qui vers Cutendre à fait rougir fon front,
Quand par Chandos au combat provoquée
Elle fe vit abattüe & manquée.

LIVRE TREIZIEME.

Grand repas à l'hotel de Ville d'Orléans
  fuivi d'un affaut général. Charles attaque
  les Anglais. Ce qui arrive à la belle
  Agnès, & à fes compagnons de voyage.

J'Aurais voulu dans cette belle hiftoire
  Ecrite en or au temple de Mémoire,
Ne prefenter que des faits éclatans,
Et couronner mon Roi dans Orléans
Par la Pucelle, & l'amour, & la gloire.
Il eft bien dur d'avoir perdu mon temps
A vous parler de Cutendre, & d'un Page,

De

De Grisbourdon, de fa lubrique rage,
D'un muletier & de tant d'accidents
Qui font grand tort au fil de mon ouvrage.
  Mais vous favez que ces événements
Furent écrits autrefois par un fage;
Je le copie & n'ai rien inventé;
Dans ces détails fi mon lecteur s'enfonce,
Si quelquefois fa dure gravité
Juge mon fage avec féverité,
A certains traits fi le fourcil lui fronce,
Il peut, s'il veut, paffer fa pierre ponce
Sur la moitié de ce livre enchanté;
Mais qu'il refpecte au moins la verité.
  O verité Vierge pure & facrée,
Quand feras-tu dignement reverée?
Divinité qui feule nous inftruits,
Pourquoi mets tu ton palais dans un puits?
Du fonds du puits quand feras tu tirée?
Quand verrons nous nos doctes écrivains
Exempts de fiel, libres de flatterie
Fidélemens nous aprendre la vie,
Les grands exploits de nos beaux Paladins?
Oh qu'Ariofte étala de prudence
Quand il cita l'Archevêque Turpin!
Ce témoignage à fon livre divin
De tout lecteur attire la croyance!
  Tout inquiet encor de fon deftin
Vers Orléans Charle était en chemin,
Environné de fa troupe dorée,
Et demandant à Dunois des confeils
Ainfi que font tous les Rois fes pareils,
Dans le malheur dociles & traitables,
Dans la fortune un peu moins praticables.
Charle croyait qu'Agnès & Bonnifoux
Suivaient de loin. Plein d'un efpoir fi doux

L a

amant Royal souvent tourne la tête
ur voir Agnès, & regarde, & s'arrète;
quand Dunois préparant ses succès
omme *Orléans* le Roi lui nomme *Agnès.*
L'heureux bâtard dont l'active prudence
s'occupait que du bien de la France,
jour baissant découvre un petit Fort
e négligeait le fier Duc de Betfort.
Fort touchait à la ville investie :
nois le prend, le Roi s'y fortifie.
s assiégeans c'étaient les magazins.
Dieu sanglant que donne la victoire,
Dieu joufflu qui préside aux festins,
emplir ces lieux se disputaient la gloire
un de canons, & l'autre de bons vins :
ut l'appareil de la guerre effroyable,
us les apprêts des plaisirs de la table
rencontraient dans ce petit château ;
els vrais succès pour Dunois & Bonneau !
ut Orléans à ces grandes nouvelles
ndit à DIEU des graces solemnelles.
Te Deum en faux bourdon chanté
evant les clefs de la noble cité
long dinér où le Juge & le Maire,
hanoine, Evêque, & Guerrier invité
verre en main tombèrent tous par terre,
feu sur l'eau dont les brillants éclairs
ans la nuit sombre illuminent les airs,
s cris du peuple & le canon qui gronde
vec fracas annoncèrent au monde
e le Roi Charle à ses sujets rendu
retrouver tout ce qu'il a perdu.
Ces chants de gloire & ces bruits d'allegresse
tent suivis par des cris de détresse.
n n'entend plus que le nom de Betfort,

Alerte

Alerte, aux murs, à la brêche, à la mort.
L'Anglais ufait de ces moments propices
Où nos bourgeois en vuidant les flaccons
Louaient leur Prince, & danfaient aux chanfons
Sous une porte on plaça deux fauciffes,
Non de boudin, non telles que Bonneau
En inventa pour un ragoût nouveau :
Mais fauciffons dont la poudre fatale
Se dilatant, s'enflant avec éclair
Renverfe tout, confond la terre & l'air,
Machine affreufe, homicide, infernale
Qui contenait dans fon ventre de fer
Ce feu pétri des mains de Lucifer.
Par une mêche artiftement pofée
En un moment la miniére embrafée,
S'étend, s'élève, & porte à mille pas
Bois, gonds, battants & ferrure en éclats.
Le grand Talbot entre & fe précipite.
Fureur, fuccès, gloire, amour, tout l'excite
Depuis longtems il brulait en fecret
Pour la moitié du Préfident Louvet.

Ce beau Breton cet enfant de la guerre
Conduit fous lui les braves d'Angleterre.
Allons, dit-il, genereux conquerants
Portons par tout & le fer & les flammes ;
Buvons le vin des poltrons d'Orléans,
Prenons leur or, baifons toutes leurs femmes.
Jamais Céfar dont les traits éloquents
Portaient l'audace & l'honneur dans les ames
Ne parla mieux à fes fiers combattans ,

Sur ce terrain que la porte enflammée
Couvre en fautant d'une epaiffe fumée,
Eft un rempart que la Hire & Poton
Ont elevé de pierre & de gazon.
Un parapet garni d'artillerie,

Peut repouffer la premiére furie,
Les premiers coups du terrible Betfort.
  Poton, la Hire y paraiffent d'abord.
Un peuple entier derrière eux s'evertuë,
Le canon gronde, & l'horrible mot tuë
Eft repeté quand les bouches d'Enfer
Son en filence & ne troublent plus l'air.
Vers le rempart les échelles dreffées
Portent déja cent cohortes preffées.
Et le foldat le pié fur l'echelon,
Le fer en main pouffe fon compagnon.
  Dans ce pêril, ni Poton ni la Hire
N'ont oublié leur efprit qu'on admire.
Avec prudence ils avaient tout prévu,
Avec adreffe à tout ils ont pourvu.
L'huile bouillante & la poix embrafée,
D'épieux pointus une forêt croifée,
De larges faulx, que leur tranchant effort
Fait reffembler à la faulx de la mort,
Et des moufquets qui lancent les tempêtes
De plomb volant fur les Bretonnes têtes,
Tout ce que l'art & la néceffité,
Et le malheur & l'intrépidité,
Et la peur même ont pu mettre en ufage,
Eft employé dans ce jour de carnage.
Que de Bretons bouillis, coupés, percés,
Mourants en foule & par rangs entaffés !
Ainfi qu'on voit fous cent mains diligentes
Tomber l'épi des moiffons jauniffantes.
  Mais cet affaut fiérement fe maintient,
Plus il en tombe, & plus il en revient.
De l'hydre affreux les têtes menaçantes
Tombant à terre, & toujours renaiffantes
Epouvantaient le fils de Jupiter ;
Ainfi l'Anglais dans les feux, fous le fer,

                              Après

Après sa chute encor plus formidable,
Brave en montant le nombre qui l'accable.
　Tu t'avançais sur ces remparts sanglants
Fier Richemont, digne espoir d'Orléans.
Cinq cent Bourgeois, gens de cœur & d'élite
En chancelant marchent sous sa conduite,
Enluminés du gros vin qu'ils ont bû;
Sa séve encor animait leur vertu.
Et Richemont criait d'une voix forte,
Pauvres Bourgeois, vous n'avez plus de porte,
Mais vous m'avez, il suffit, combattons.
Il dit, & vole au milieu des Bretons.
　Déja Talbot s'était fait un passage
Au haut du mur, & déjà dans sa rage
D'un bras terrible il porte le trépas.
Il fait de l'autre avancer ses soldats;
Il s'établit sur ce dernier azile
Qui te restait, ô malheureuse ville.
　Charle en son Fort tristement retiré,
D'autres Anglais par malheur entouré,
Ne peut marcher vers la ville attaquée.
D'accablement son ame est suffoquée.
Quoi, disait il, ne pouvoir secourir
Mes chers sujets que mon œuil voit périr?
Ils ont chanté le retour de leur Maître.
J'allais entrer, & combattre, & peut être
Les délivrer des Anglais inhumains.
Le sort cruel enchaîne ici mes mains.
Non, lui dit Jeanne, il est tems de paraître.
Venez, mettez en signalant vos coups
Ces durs Bretons entre Orléans & vous.
Marchez mon Prince, & vous sauvez la ville;
Nous sommes peu, mais vous en valez mille.
Charle lui dit; quoi! vous savez flatter!
Je vaux bien peu, mais je vais mériter,

Et vôtre eftime, & celle de la France;
Et des Anglais. Il dit, pique, & s'avance,
Devant fes pas l'Oriflamme eft porté,
Jeanne & Dunois volent à fon côté.
Il eft fuivi de fes gens d'ordonnance;
Et l'on entend à travers mille cris,
Vive le Roi, Mont-joye & Saint Dénis.
Charle, Dunois, & la Baroife altiére
Sur les Bretons s'élancent par derrière :
Tels que des monts qui tiennent dans leur fein
Les refervoirs du Danube & du Rhin,
L'aigle fuperbe aux aîles étenduës
Aux yeux perçants, aux huit griffes pointuës;
Planant dans l'air tombe fur des faucons
Qui s'acharnaient fur le cou des hérons.

    L'Anglais furpris croyant voir une armée,
Defcend foudain de la ville allarmée.
Tous les Bourgeois devenus valeureux
Les voyant fuïr defcendent après eux;
Charle plus loin entouré de carnage
Jufqu'à leur camp fe fait un beau paffage.
Les affiégeans à leur tour affiégés,
En tête, en queuë, affaillis, égorgés,
Tombent en foule au bord de leurs tranchées
D'armes, de morts, & de mourants jonchées,
Et de leurs corps ils faifaient un rempart.

    Dans cette horrible & fanglante mêlée,
Le Roi difait à Dunois, cher bâtard
Dis - moi de grace, où donc eft-elle allée?
Qui ? dit Dunois ; le bon Roi lui repart,
Ne fais - tu pas ce qu'elle eft devenuë?
Qui donc? hélas elle était difparuë
Hier au foir avant qu'un heureux fort
Nous eut conduits au château de Betford,
Et dans la place on eft entré fans elle.

             G   Nous

Nous la trouverons bien, dit la Pucelle.
Ciel, dit le Roi, qu'elle me soit fidèle,
Gardez-la moi. Pendant ce beau discours
Il avançait, & combattait toujours.
Oh, que ne puis-je en grands vers magnifiques
Ecrire au long tant de faits héroïques!
Homère seul a le droit de conter
Tous les exploits, toutes les avantures,
De les étendre & de les répeter,
De supputer les coups & les blessures
Et d'ajouter au grand combat d'Hector,
De grands combats, & des combats encor.
C'est-là sans doute un sur moyen de plaire
Mais je ne puis me résoudre à vous taire
D'autres dangers dont le destin cruel
Circonvenait la belle Agnès Sorel,
Quand son amant s'avançait vers la gloire.
Dans le chemin sur les rives de Loire,
Elle entretient le pére Bonifoux
Qui toujours sage, insinuant & doux,
Du tentateur lui contait quelque histoire,
Divertissante, & sans reflexions,
Sous l'agrêment déguisant ses leçons.
A quelques pas la Trimouille & sa Dame
S'entretenaient de leur fidèle flamme,
Et du dessein de vivre ensemble un jour
Dans leur château, tout entiers à l'amour.
   Dans ce chemin, la main de la nature
Tend sous leurs pieds un tapis de verdure,
Velours uni, semblable au prez fameux
Où s'exerçait la rapide Atalante:
Sur le duvet de cette herbe naissante
Agnès aproche, & chemine avec eux.
Le Confesseur suivit la belle errante;
Tous quatre allaient, tenant de beaux discours
                                        De

De pieté, de combats, & d'amours.
Sur les Anglais, fur le Diable on raifonne;
En raifonnant on ne vit plus perfonne.
Chacun fondait doucement, doucement,
Homme & cheval fous le terrain mouvant.
D'abord les pieds, puis le corps, puis la tête,
Tout difparut, ainfi qu'à cette fête
Qu'en un Palais d'un favant Cardinal
Trois fois au moins par femaine on aprête,
A l'opera fouvent joué fi mal,
Plus d'un Héros à nos regards échape
Et dans l'Enfer defcend par une trape.
    Monrofe vit du rivage prochain
La belle Agnès, & fut tenté foudain
De venir rendre à l'objet qu'il obferve,
Tout le refpect que fon ame conferve.
Il paffe un pont: il refta tout confus,
Quand la voyant, fon œuil ne la vit plus.
Froid comme marbre, & blême comme gipfe,
Il veut marcher, mais lui-même il s'éclipfe.
Paul Tirconel qui de loin l'aperçut,
A fon fécours à grand galop courut.
En arrivant fur la place funefte
Paul Tirconel y fond avec le refte.
Ils tombent tous dans un grand fouterrain
Qui conduifait aux portes d'un Jardin,
Tel que n'en eut jamais le quatorziéme
De ces Louis, ayeul d'un Roi qu'on aime,
Et le Jardin conduifait au Chateau
Digne en tout fens de ce Jardin fi beau.
C'était...., mon cœur à ce feul nom foupire,
De Conculix le formidable Empire.
O Dorothée, Agnès, & Bonifoux
Qu'allez-vous faire, & que deviendrez-vous?

LIVRE

LIVRE QUATORZIEME.

Comment Jeanne tomba dans une étrange tentation, & comment Agnès & Dorothée furent enfermées dans le Château de Conculix &c.

QUe la vengeance eſt une paſſion
   Funeſte au monde, affreuſe, impitoyable!
C'eſt un tourment, c'eſt une obſeſſion,
Et c'eſt auſſi le partage du Diable.
Le gros damné de Père Grisbourdon,
Terrible encor au fonds de ſa chaudière;
En blaſphémant cherchait l'occaſion
De ſe vanger de la Pucelle altière,
Par qui là-haut d'un coup d'eſtramaçon
Son chef tondu fut privé de ſon Tronc.
Il s'écriait à Belzébuth ; mon père
Ne pourais-tu dans quelque gros pêché
Faire tomber cette Jeanne ſévère?
J'y crois pour moi ton honneur attaché.
Il ne faut pas beaucoup de réthorique
Pour engager le tentateur antique
A travailler de ſon premier mêtier.
De tout mêchef ce maudit ouvrier,
Courut bien vîte obſerver ſur la terre
Ce que faiſaient ſes amis d'Angleterre,
En quel état & de corps & d'eſprit
Se trouvait Jeanne après le grand conflict.
  Charle, Dunois, & la groſſe Amazone
Laſſés tous trois des travaux de Bellone

Etaient

Etaient enfin revenus dans leur Fort,
En attendant quelque nouveau renfort.
Des affiégés la bréche réparée
Aux affaillants ne permet plus d'entrée,
Des ennemis la troupe eft retirée.
Les Citoyens, le Roi Charle & Betford,
Chacun chez foi foupe en hâte & s'endort.
  Mufes, tremblez de l'étrange avanture
Qu'il faut apprendre à la race future;
Et vous, Lecteurs, en qui le Ciel a mis
Les fages goûts d'une tendreffe pure,
Remerciez le & Dunois & Denis,
Qu'un grand pêché n'ait pas été commis.
  Il vous fouvient que je vous ai promis
De vous donner des mémoires fidèles
De ce baudet poffeffeur de deux aîles:
La nuit des tems cache encor aux humains
De l'âne aîlé quels étaient les deffeins,
Quand il avait fur fes aîles dorées
Porté Dunois aux Lombardes contrées.
De ce Héros cet âne était jaloux.
Plus d'une fois en portant la Pucelle,
Au fonds du cœur il fentit l'étincelle
De ce beau feu plus vif encor que doux,
Ame, reffort, & principe des mondes,
Qui dans les airs, dans les bois, dans les ondes
Produit les corps & les anime tous.
Ce feu facré dont il nous refte encore
Quelques rayons dans ce monde épuifé,
Fut pris au Ciel pour animer Pandore.
Depuis ce tems le flambeau s'eft ufé.
Tout eft flétri; la force languiffante
De la nature en nos malheureux jours,
Ne produit plus que d'imparfaits amours.
S'il eft encor une flamme agiffante,

Un

Un germe heureux des principes divins,
Ne cherchez pas chez Vénus, Uranie,
Ne cherchez pas chez les faibles humains,
Adreſſez-vous aux Héros d'Arcadie :
Beaux céladons, que des objets vainqueurs
Ont enchainés par des liens de fleurs ;
Tendres amants en cuiraſſe, en ſoutane,
Prélats, Abbés, Colonels, Conſeillers,
Gens du bel air, & même Cordeliers,
En fait d'amour défiez vous d'un âne.
Chez les Latins le fameux âne d'or,
Si renommé par ſa mêtamorphoſe,
De celui-ci n'aprochait pas encor,
Il n'était qu'homme, & c'eſt bien peu choſe.
    La groſſe Jeanne au viſage vermeil
Qu'ont rafraichi les pavots du ſommeil,
Entre ſes draps doucement recueillie,
Se rappelait les deſtins de ſa vie.
De tant d'exploits ſon jeune cœur flatté,
A Saint Denis n'en donna pas la gloire ;
Elle conçut un grain de vanité.
Denis fâché, comme on peut bien le croire,
Pour la punir laiſſa quelques moments
Sa protégée au pouvoir de ſes ſens.
Denis voulut que ſa Jeanne qu'il aime,
Connût enfin ce qu'on eſt par ſoi-même ;
Et qu'une femme en toute occaſion
Pour ſe conduire a beſoin d'un patron.
Elle fut prête a devenir la proye
D'un piège affreux que tendit le Démon.
On va bien loin ſitôt qu'on ſe fourvoye.
    Le tentateur qui ne néglige rien
Prenait ſon tems ; il le prend toujours bien.
Il eſt partout : il entra par adreſſe
Au corps de l'âne, il forma ſon eſprit,

De

De fa voix rauque adoucit la rudeffe,
Et l'inftruifit aux fineffes de l'Art
Aprofondi par Ovide & Bernard.
    L'âne éclairé furmonta toute honte;
De l'écurie adroitement il monte
Au pied du lit où dans un doux repos,
Jeanne en fon cœur repaffait fes travaux :
Puis doucement s'accroupiffant près d'elle,
Il la loua d'effacer les Heros,
D'être invincible, & furtout d'être belle.
Ainfi jadis le ferpent feducteur,
Quand il voulut fubjuguer nôtre mére,
Lui fit d'abord un compliment flatteur.
L'art de louer commença l'art de plaire.
    Où fuis-je, ô Ciel! s'écria Jeanne d'Arc.
Qu'ai-je entendu? par St. Luc par St. Marc
Eft-ce mon âne. ! ô merveille! ô prodige!
Mon âne parle, & même il parle bien.
    L'âne à genoux compofant fon maintien,
Lui dit : ô d'Arc, ce n'eft point un preftige.
J'avais parlé deux fois à Balaam.
Voïez en moi l'âne de Canaan.
Le jufte Ciel recompenfa mon zèle.
Au vieil Enoc bientôt on me donna ;
Enoc avait une vie immortelle ;
J'en eus autant; & le maître ordonna
Que le cifeau de la parque cruelle
Refpecterait le fil de mes beaux ans.
Je jouïs donc d'un éternel printems.
De nôtre pré le maître débonnaire
Me permit tout, hors un cas feulement :
Il m'ordonna de vivre chaftement ;
C'eft pour un âne une térrible affaire.
Jeune & fans frein dans ce charmant féjour,
Maître de tout, j'avais droit de tout faire,

Le

Le jour, la nuit, tout excepté l'amour.
J'obéïs mieux que vôtre premier homme
Qui perdit tout pour manger une pomme.
Je fus vainqueur de mon tempérament;
La chair se tus; je n'eut point de faiblesses;
Je vécus vierge; or savez-vous comment?
Dans le pays il n'était point d'anesses.
Je vis couler content de mon état
Plus de mille ans dans ce doux célibat.
 Lorsque Bacchus vint du fonds de la Gréce
Porter le Tirse, & la gloire & l'ivresse
Dans les pays par le Gange arrosés,
A ce Héros je servis de trompette:
Les Indiens par nous civilisés
Chantent encor ma gloire & leur défaitte.
Siléne & moi nous sommes plus connus
Que tous les grands qui suivirent Bachus
C'est mon nom seul, ma vertu signalée
Qui fit depuis tout l'honneur d'Apulée.
 Enfin là haut dans ces plaines d'Azur,
Lorsque Saint George à vos Français si dur,
Ce fier Saint George aimant toujours la guerre,
Voulut avoir un coursier d'Angleterre,
Quand Saint Martin fameux par son Manteau
Obtint encor un cheval assez beau,
Monsieur Denis qui fait comme eux figure
Voulut comme eux avoir une monture;
Il me choisit, près de lui m'apela.
Il me fit don de deux brillantes aîles.
Je pris mon vol aux voutes éternelles:
D'étrilles d'or mon maître m'étrilla:
Je fus nourri de Nectar, d'Ambrosie.
Mais ô ma Jeanne, une si belle vie
N'aproche pas du plaisir que je sens,
Au doux aspect de vos charmes puissants.

L'a

L'aigle, le bœuf, & George & Denis même;
Ne valent pas vôtre beauté suprême.
Croyez surtout que de tous les emplois,
Où m'éleva mon étoile bénigne,
Le plus heureux, le plus selon mon choix
Et dont je suis peut-être le plus digne,
Est de servir sous vos augustes loix.
Quand j'ai quitté le Ciel & l'Empirée
J'ai vû par vous ma fortune honorée.
Non, je n'ai pas abandonné les Cieux,
J'y suis encor; le Ciel est dans vos yeux.
  Jeanne reçut cet aveu témeraire
Avec surprise autant qu'avec colère;
Et cependant son grand cœur en secret
Etait flaté de l'étonnant effet
Que produisait sa beauté singulière
Sur le sens lourd d'une ame si grossière?
Vers son amant elle avança la main,
Sans y songer; puis la tira soudain.
Elle rougit, s'éffraie & se condamne;
Puis se rassure, & puis lui dit: bel âne,
Vous concevez un chimérique espoir
Respectez plus ma gloire, & mon devoir
Trop de distance est entre nos espèces;
Non, je ne puis approuver vos tendresses;
Gardez vous bien de me pousser à bout.
  L'âne reprit; l'amour égale tout.
Songez au cigne à qui Leda fit fête
Sans cesser d'être une personne honnête;
Connaissez vous la fille de Minos
Pour un Taureau négligeant des Héros
Et soupirant pour son beau quadrupède;
Sachez qu'un aîgle enleva Ganimède,
Et que Phillire avait favorisé
Le Dieu des mers en cheval déguisé.

Il poursuivait son discours, & le Diable
Premier auteur des écrits de la Fable,
Lui fournissait ces exemples frapans ;
Et mettait l'âne au rang de nos savants.

Tandis qu'il parle avec tant d'impudence,
Le grand Dunois qui près de là couchait,
Prêtait l'oreille, était tout stupefait
Des traits hardis d'une telle éloquence.
Il voulut voir le Héros qui parlait,
Et quel rival l'amour lui suscitait.
Il entre, il voit ; ô prodige ! ô merveille !
Le possedé porteur de longue oreille,
Et ne crut pas encor ce qu'il voyait.
De Débora la lance redoutable
Etait chez Jeanne auprès de son chevet ;
Il la saisit : la puissance du Diable
Ne tint jamais contre ce fer divin.
Le grand Dunois poursuit l'Esprit malin ;
Belzebuth tremble, & prompt à disparaitre
Emporte l'âne à travers la fenêtre.
Il le conduit par le chemin des airs,
Dans ce Château fatal à l'innocence,
Où Conculix tenait en sa puissance
La belle Agnès, & les Héros divers,
Anglais, Français qui tombés dans le piège
Sont prisonniers en ce lieu sacrilège.

Ce Conculix depuis le jour cruel
Où le bâtard & la pucelle altiére
L'ayant couvert d'un affront éternel
De son palais ont forcé la barriére,
Se gardait bien de donner des soupés
Aux Chevaliers dans ses lacs attrapés.
Il les traitait avec rude manière,
Et les tenait dans le fonds d'un caveau.
Son Chancelier s'en vint en long manteau
Signa

Signifier à la troupe éplorée
De Conculix la volonté sacrée :
Vous jeunerez & vous boirez de l'eau,
Serez fessez une fois la semaine,
Jusqu'au moment que quelqu'une ou quelqu'un
En remplissant un devoir peu commun,
Poura sauver vôtre demi douzaine.
Tachez d'aimer : il faut qu'un de vous six
Du fond du cœur brule pour Conculix.
Il veut qu'on l'aime ; il en vaut bien la peine,
Si nul de vous ne peut y réussir,
Soyez fessez ; car tel est son plaisir.
Il s'en retourne après cette sentence.
Les prisonniers restent en conférence.
Mais qui voudra se dévouer pour tous ?

 Agnès disait, pourais-je en conscience
Du Dieu d'amour sentir ici les coups ?
Le don d'aimer ne dépend pas de nous;
Et je serai fidèle au Roi de France.
Parlant ainsi, ses regards affligés
Lorgnent Monrose, & de pleurs sont chargés.

 Monrose dit, pour moi j'aime une belle
Que pour des Dieux je ne saurais quitter :
Cent Conculix ne peuvent me tenter ;
Et je voudrais être fessé pour elle.

 Je voudrais l'être aussi pour mon amant,
Dit Dorothée; il n'est point de tourment
Que de l'amour le charme n'adoucisse.
Quand on est deux, est-il quelque suplice ?

 Son la Trimouille à ce discours charmant
Tombe à ses pieds, & s'abandonne en proye
A des douleurs qu'allége un peu de joye.

 Le Confesseur ayant toussé deux fois
Leur dit; Messieurs, j'étais jeune autrefois :
Ce tems n'est plus, & les rides de l'âge

Oii

Ont fillonné la peau de mon vifage.
Que puis-je, hélas ? Je fuis par mon emploi
Bénedictin & confeffeur du Roy.
Je ne faurais vous tirer d'efclavage.
  Paul Tirconel qu'anime un fier courage,
Se leve, & dit ; eh bien, ce fera moi.
A ces trois mots dis avec affurance,
Les prifonniers reprirent l'efpérance ;
Et Conculix le lendemain matin
Etant pourvu du fexe féminin ;
Paul écrivit une lettre fort tendre
Qu'au Chancelier, la Geolière alla rendre ;
Paul y joignit un petit Madrigal
D'un goût tout neuf, & fort original.

LIVRE QUINZIEME.

La Préfidente Louvet devient folle d'amour
pour le Sire Talbot , & le fait entrer
dans Orléans. Danger du Roi. Puni-
tion de Conculix.

MOn cher Lecteur fait par expérience ,
Que ce beau Dieu qu'on nous peint dans l'enfance,
Et dont les jeux ne font pas jeux d'enfans ,
A deux carquois tout - à - fait différents.
L'un a des traits dont la douce piqûre
Se fait fentir fans danger , fans douleur ,
Croît par le tems , pénétre au fonds du cœur,
Et vous y laiffe une vive bleffure.

Les

Les autres traits font un feu dévorant,
Dont le coup part & brule au même inftant.
Dans les cinq fens ils portent le ravage;
Un rouge vif allume le vifage,
D'un nouvel être on fe croit animé,
D'un nouveau fang le corps eft enflammé;
On n'entend rien; le regard étincelle.
L'eau fur le feu bouillonnant à grand bruit
Qui fur fes bords s'élève, échape, & fuit,
N'eft qu'une image imparfaite, infidèle,
De ces défirs dont l'excès vous pourfuit.

Songez Lecteurs, que ces fatales flammes
Brulent vos corps & hazardent vos ames.
Vous avertir eft mon premier devoir,
Et le fecond eft de faire favoir
Comment Denis punit l'âne infidèle;
Par qui Satan fit rougir la Pucelle;
Quel avantage en prit le beau Dunois:
Il faut chanter leurs feux, & leurs exploits:
Je dois conter quelle terrible fuite
De Conculix eut l'infame conduite;
Ce que devint l'éfronté Tirconnel,
Et quel fecours étrange & falutaire
Sut procurer notre Reverend Pére
A Dorothée à la douce Sorel,
Et par quel art il les tira d'affaire.

Mais avant tout le fiége d'Orléans
Eft le grand point qui tous nous intéreffe.
O Dieu d'amour, ô puiffance, ô faibleffe;
Amour fatal! tu fus prêt de livrer
Aux ennemis ce rempart de la France.
Ce que l'Anglais n'ofait plus efpérer,
Ce que Betfort & fon expérience,
Ce que Talbot & fa rare vaillance
Ne purent faire, amour, tu l'entrepris:

Tu

Tu fais nos maux, cher enfant, & tu ris.
　　En te jouant dans la triste contrée
Où cent Héros combattent pour deux Rois;
Ta douce main blessa depuis deux mois
Le grand Talbot d'une flèche dorée,
Que tu tiras de ton premier carquois.
C'était avant ce siége mémorable,
Dans une trêve, hélas, trop peu durable,
Il conféra, soupa paisiblement
Avec Louvet ce grave Président,
Lequel Louvet eut la gloire imprudente
De faire aussi souper la Présidente.
Madame était un peu collet monté.
L'amour se plut à dompter sa fierté.
Il hait l'air prude, & souvent l'humilie.
Il dérangea sa noble gravité,
Par un des traits qui font de la folie.
La Présidente en cette occasion
Gagna Talbot & perdit la raison.
　　Vous avez vu la fatale escalade,
L'assaut sanglant, l'horrible canonade,
Tous ces combats, tous ces hardis efforts,
Au haut des murs en dedans en déhors,
Lorsque Talbot & ces fiéres cohortes
Avaient brisé les remparts & les portes,
Et que sur eux tombaient du haut des toits
Le fer, la flamme, & la mort à la fois:
L'ardent Talbot avait d'un pas agile
Sur des mourants pénétré dans la ville,
Renversant tout, criant à haute voix,
Anglais entrez; bas les armes, Bourgeois;
Il ressemblait au grand Dieu de la guerre,
Qui sous ses pas fait retentir la terre,
Quand la discorde, & Bellone, & le sort
Arment son bras ministre de la mort.

La Préſidente avait une ouverture
Dans ſon logis auprès d'une mazure,
Et par ce trou contemplait ſon amant,
Ce caſque d'or, ce pannache ondoyant,
Ce bras armé ; ces vives étincelles
Qui s'élançaient du rond de ſes prunelles
Ce port altier, cet air d'un demi-dieu.
La Préſidente en était tout en feu,
Hors de ſes ſens, de honte dépouillée.
Telle autrefois d'une loge grillée
Une beauté dont l'amour prit le cœur,
Lorgnait Baron cet immortel Acteur,
D'un œuil ardent dévorait ſa figure,
Son beau maintien, ſes geſtes, ſa parure ;
Mêlait tout bas ſa voix à ſes accents,
Et recevait l'amour par tous les ſens.
   N'en pouvant plus la belle Préſidente
Dans ſon accès dit à ſa confidente,
Cours, ma Suzon, Vole, va le trouver
Dis - lui, dis - lui, qu'il vienne m'enlever.
Si tu ne peux lui parler, fais lui dire,
Qu'il ait pitié de mon tendre martire ;
Et que s'il eſt un digne Chevalier,
Je veux ſouper ce ſoir dans ſon quartier.
La confidente envoye un jeune Page ;
C'était ſon frére ; il fait bien ſon meſſage ;
Et ſans tarder ſix eſtaffiers hardis
Vont chez Louvet, & forcent le logis.
   On entre ; on voit une femme maſquée ;
Et mouchetée, & peinte, & requinquée
Le front garni de cheveux vrais ou faux
Montés en arc & tournés en anneaux.
On vous l'enléve, on la fait diſparaître
Par les chemins dont Talbot eſt le maître.
   Ce beau Talbot ayant dans ce grand jour

Tant

Tant répandu, tant essuyé d'allarmes
Voulut le soir dans les bras de l'amour
Se consoler du malheur de ses armes.
Tout vrai Héros, ou vainqueur, ou battu;
Quand il le peut, soupe avec sa maîtresse.
Sire Talbot qui n'est point abattu,
Attend chez lui l'objet de sa tendresse.
Tout était prêt pour un souper exquis.
De gros flacons à panse cizelée
Ont rafraichi dans la glace pilée
Ce jus brillant, ces liquides rubis
Que tient Citaux dans ses cavaux bénis.
A l'autre bout de la superbe Tente,
Est un sopha d'une forme élégante,
Bas, large, mou, très proprement orné,
A deux chevets, à dossier contourné,
Où deux amis peuvent tenir à l'aise.
Sire Talbot vivait à la Française.
  Son premier soin fut de faire chercher
Le tendre objet qui l'avait sçu toucher.
Tout ce qu'il voit, parle de son amante,
Il la demande, on vient, on lui présente
Un monstre gris en pompons enfantins,
Haut de trois pieds en comptant ses patins.
D'un rouge vif ses paupiéres bordées
Sont d'un suc jaune en tout tems inondées;
Un large nez au bout torse, & crochu
Semble couvrir un long menton fourchu.
Talbot crut voir la maîtresse du Diable.
Il jette un cri qui fait trembler la table.
C'était la sœur du gros Monsieur Louvet,
Qu'en son logis sa garde avait trouvée,
Et qui de gloire & de plaisir crevait,
Se pavanant de se voir enlevée :
La Présidente en proye à la douleur

D'avoir

D'avoir manqué son illustre entreprise,
Se désolait de la triste méprise ;
Et jamais sœur n'a plus maudit sa sœur.
L'amour déja troublait sa fantaisie.
Ce fut bien pis lorsque la jalousie
Dans son cerveau porta de nouvaux traits ;
Elle devint plus folle que jamais.

....
....
....

CÆTERA DESUNT.

www.ingramcontent.com/pod-product-compliance
Lightning Source LLC
Chambersburg PA
CBHW052359090426
42739CB00011B/2433